闪亮的名字

共和国的建设者

葛竞 著
徐福骞 绘

人民东方出版传媒
People's Oriental Publishing & Media
东方出版社
The Oriental Press

图书在版编目（CIP）数据

闪亮的名字.共和国的建设者/葛竞 著；徐福骞 绘.—北京：东方出版社，2023.8
ISBN 978-7-5207-3478-3

Ⅰ.①闪⋯　Ⅱ.①葛⋯　②徐⋯　Ⅲ.①先进工作者—先进事迹—中国—现代—青少年读物　Ⅳ.① K820.7-49

中国国家版本馆 CIP 数据核字（2023）第 097124 号

闪亮的名字：共和国的建设者
（SHANLIANG DE MINGZI: GONGHEGUO DE JIANSHEZHE）

作　　者：	葛　竞
绘　　者：	徐福骞
策 划 人：	黄　娟
责任编辑：	黄　娟　潘朵朵
特约编辑：	余　莹　高　扬　宋伟杰　周艺婷　张冰洁　盛天南
责任审校：	刘越难　赵鹏丽　金学勇
出　　版：	东方出版社
发　　行：	人民东方出版传媒有限公司
地　　址：	北京市东城区朝阳门内大街 166 号
邮　　编：	100010
印　　刷：	北京联兴盛业印刷股份有限公司
版　　次：	2023 年 8 月第 1 版
印　　次：	2023 年 8 月第 1 次印刷
开　　本：	787 毫米 ×1092 毫米　1/32
印　　张：	5.75
字　　数：	56 千字
书　　号：	ISBN 978-7-5207-3478-3
定　　价：	25.00 元
发行电话：	（010）85924663　85924644　85924641

版权所有，违者必究
如有印装质量问题，我社负责调换，请拨打电话：（010）85924602　85924603

编写说明

党的十八大以来，以习近平同志为核心的党中央高度重视功勋荣誉表彰工作。2015年12月，全国人大常委会颁布《中华人民共和国国家勋章和国家荣誉称号法》，其中规定：

国家勋章和国家荣誉称号为国家最高荣誉。

国家设立"共和国勋章"，授予在中国特色社会主义建设、保卫国家和国防建设中建立卓越功勋的杰出人士。

国家设立国家荣誉称号，授予在经济、社会、国防、外交、教育、科技、文化、卫生、体育等各领域作出重大贡献，享有崇高声誉的杰出人士。

2019年是中华人民共和国成立70周年,党中央决定,首次开展国家勋章和国家荣誉称号集中评选颁授,隆重表彰一批为新中国建设和发展作出杰出贡献的功勋模范人物,并号召全社会学习他们忠诚、执着、朴实的鲜明品格。

2019年9月29日上午10时,在人民大会堂举行的中华人民共和国国家勋章和国家荣誉称号颁授仪式上,中共中央总书记、国家主席、中央军委主席习近平向于敏等8位"共和国勋章"获得者,叶培建等28位国家荣誉称号获得者颁授勋章奖章。

2020年9月8日上午10时,全国抗击新冠肺炎疫情表彰大会在人民大会堂举行。会上宣读了由习近平签署的主席令,授予钟南山"共和国勋章",授予张伯礼、张定宇、陈薇"人民英雄"国家荣誉称号,以表彰他们在抗击新冠肺炎疫情斗争中作出的杰出贡献，弘扬他们忠诚、担当、奉献的崇高品质。

本套书根据9位"共和国勋章"获得者和31位国家荣誉称号获得者的生平经历和先进事迹撰写而成，旨在向广大青少年读者群体讲述这些闪亮的名字背后的动人故事，展现榜样人物真实的生活面貌和赤忱的家国情怀。

本套书共分为4册，依次为：《共和国的建设者》《人民的领航员》《我们的榜样》以及《我们的英雄》。

"崇尚英雄才会产生英雄"。我们此次面向青少年读者群体讲述闪亮的名字背后的平凡故事，即是希望青少年读者能在阅读过程中，同走榜样人物的成长生活之路，探寻他们身上优秀道德品质的建立历程，在心中激荡起爱国主义情怀，自然萌发对英雄人物的景仰与向往之情。

"争做英雄才能英雄辈出"。本套书在叙写人物时，选取的生平事迹真实可信，灌注其间的精神情感诚挚动人，所用文字表述贴近日常生活。我们希望青少年读者能够感到亲切真实，潜移默化地受到榜样力量的感染，见贤思齐，争做英雄，树立为中华民族伟大复兴贡献力量的崇高理想。

目录

于　敏——隐身的"氢弹之父" / 1

申纪兰——劳动就是解放 / 21

孙家栋——与星月相伴的科学家 / 41

李延年——永葆战斗精神的军人 / 59

张富清——紧跟党走,做党的好战士 / 75

袁隆平——甘于奉献的当代"神农" / 91

黄旭华——"无名"的"核潜艇之父" / 113

屠呦呦——用中医药造福世界 / 131

钟南山——敢医敢言,生命至上 / 151

于敏
——隐身的"氢弹之父"

要成为伟大的科学家,需要走过一条怎样的道路呢?今天,让我们走近共和国勋章获得者,"氢弹之父"于敏,看一看他走过的道路吧!

想象一下,如果你独自一人到很远很远的地方生活,在这里,你不能告诉任何人你是谁、你在做什么,也不能联系最亲爱的家人和朋友,你能坚持多久?

也许你会说,我能坚持10天、1个月,甚

至1年。可是有这样一个人，他28年隐姓埋名，填补了中国原子核理论的空白，为氢弹突破作出卓越贡献。

让我们把时间调回到于敏13岁的时候，一起重走这位科学家的人生道路。

少年求学，科研梦启

在于敏生活的年代，日军悍然对中国发动了罪恶的侵略战争，中国人民受尽了日本侵略者的欺辱。

和所有刚进入青春期的小男孩儿一样，那时的于敏朝气蓬勃、活力满满。他刚学会骑自行车，对此好奇又兴奋。

有一天，于敏找同学借了一辆自行车，他哼着歌儿骑着车，要去找同学玩。路上，迎面

于敏——隐身的"氢弹之父"

开来了一辆大吉普车,他瞧见车朝自己的方向开过来,便提前停了下来,靠边等待,让吉普车先行。

可没想到,这辆吉普车反而加速朝着于敏开了过来。就在吉普车要撞上于敏的那一刻,他灵活地避开了。

吉普车从耳边呼啸而过,留下一串狂妄的笑声。于敏警觉地抬头,才发现车内的司机原来是一个日本人!

日本人竟然敢如此嚣张,对一个孩子都不怀好意!这可是在中国领土上,还是在天津这种大城市,如此飞扬跋扈,简直欺人太甚!

看着手中的自行车,再望向日本人扬长而去的车影,于敏暗自发誓:"我们必须强大起来,绝对不要再受外国人的欺负!"

要想扬眉吐气,就要缩小"自行车"和"吉

普车"之间的差距。于敏握紧拳头，在心里埋下一颗种子，暗自下定决心：立志报国，科学救国。这八个字，成了他奉献终生的追求。

于敏从小就在数学这门学科上有很高的天赋。高中时，他就读于全天津市最好的耀华中学。在学霸如云的校园里，他轻轻松松就能考第一名，后来，他更是以优异的成绩考上了北京大学工学院。

工学院的学习内容对动手能力要求很高，但于敏偏偏是个"心灵手不巧"的学生，老师上课讲的理论知识，他很快就能掌握，可面对动手实操，他就感到有些力不从心。于是，于敏有了转入理学院研究自己最擅长的理论知识的想法。

1945年是于敏上大学的第二年，这一年的8月6日，发生了一件让世界都震惊的大事。

于敏——隐身的"氢弹之父"

8月6日早上8点,日本广岛的居民们像往常一样,充满希望地迎来了新的一天。16分钟后,天空中突然闪过一道令人眼花目眩的强烈白色闪光,紧接着,城市上空传来震耳欲聋的巨响,一朵巨大的蘑菇形状的烟云腾空而起,卷起滚滚火浪,竖起无数根火柱。顷刻间,广岛市成为一片焦热的火海。

这一天,全广岛的时钟指针都停止在8时16分。是美国在日本投掷了"原子弹"。原子弹在离广岛地面600米处的位置爆炸,顷刻间摧毁了方圆十几平方公里的数万幢房屋。

原子弹爆炸产生的剧烈闪光致使成千上万人双目失明;炙热的高温烧毁了许多建筑;而原子弹遗留下的具有辐射的残骸,更能让幸存者在往后20年内都受到病痛的折磨。

更悲惨的是,处在爆炸中心的人会在瞬间

死亡；而离中心远一点的人，只保留着在一刹那被烧毁时的残骸；更远一些的地方，有些人虽侥幸还活着，但也被严重烧伤。

消息传开，这个有大规模杀伤力的"新型武器"让世界人民都感到恐慌害怕。远在中国的于敏被这个消息触动，他意识到自己必须去做些什么！

转战物理，以身报国

有想法就要去行动。于是，于敏在1946年转入了理学院去攻读物理，并将自己的专业方向定为理论物理。

一次全年级考数学，数学系专业的学生平均成绩才20分，就连数学系成绩最好的学生也只刚考过及格线而已，而学物理的于敏却考了

于敏——隐身的"氢弹之父"

100分!

老师和同学们都对于敏刮目相看,可于敏回忆起这段往事时,却谦虚地说:"我不笨,我自己认为我也不聪明,我只是很勤奋。我也许只是有点天赋,但我不算是很聪明。"

上大学时,于敏暑假因为没有路费回不了家。他常常拿着课本和习题,跑到景山顶上一边乘凉一边做着习题,享受学习带来的快乐时光。

就这样,于敏以十分出色的成绩顺利考取研究生,并在北京大学兼任助教。

1950年10月,中国人民志愿军支援朝鲜,在战场上奋力抵抗,美军节节败退。此时,几乎已经无计可施的美国总统杜鲁门却在一次记者招待会上轻蔑地表示,美国还有原子弹呢,也许可以在朝鲜战场上使用一次。杜鲁门的话

闪亮的名字

一出口,立刻引起轩然大波,这明显就是在针对中国,挑战中国人民的底线。

毛泽东主席听了这话,毫不惧怕地说:"我国有6亿人口,有960万平方公里的土地。美国那点原子弹,消灭不了中国人!"

和所有中国人一样,听到毛主席这番话的于敏,也备受激励,热血沸腾。于敏不知道的是,随着国际时局的转变,他的命运也将从此改变。他极其聪慧的头脑和在数学上的极高天赋,让他在众多学生中脱颖而出,被几位"大人物"看中了。

1951年的一天,在"中国原子能科学事业的创始人"钱三强的安排下,于敏被带到了一个神秘的地方。

有人走到于敏面前,诚恳地说:"我想把你介绍到近代物理研究所工作。近代物理研究所

于敏——隐身的"氢弹之父"

是我们的核物理、核科学技术的基地。现在，需要你帮我们做点工作。"

于敏这才意识到，这个神秘的地方，竟然是新中国第一个核科学技术研究基地——近代物理研究所。而眼前的这位则是我国核科学事业的奠基人之一——彭桓武。

在彭桓武的介绍下，于敏渐渐梳理清楚了事情的前因后果。

当时，新中国刚刚成立，美国仗着他们的原子弹耀武扬威。中国没有这样的武器，美国便觉得中国实力薄弱，才敢如此猖狂地用核武器威胁中国。

虽然在世界各国的辖制下，美国承诺不会再使用原子弹，但如果中国没有同样级别的武器，那我们始终都会被人压制，永远活在被威胁的恐慌之中。

闪亮的名字

为了不再受牵制，当务之急是中国必须研制出自己的核武器。在这样紧迫的背景下，近代物理研究所成立了。除了于敏，还有许多和他一样出类拔萃的科学家被选进这里，共同研究原子核理论。

当时的于敏，在全国最顶尖的学府当助教。作为研究生，他的学术前途一片光明，按照正常人生轨迹的发展，他也许会成为北京大学的一名教师，传道授业，桃李满天下。可命运偏偏不按既有的轨迹发展，从于敏踏入研究所的那一刻起，他就怀揣着"立志报国，科学救国"的理想。眼前的机会，正是于敏实现理想的好时机。

"国家需要我，我一定全力以赴！"于敏毫不犹豫地投入到原子核理论的研究中。面对完全陌生的知识领域，于敏迎难而上，勤奋学习，

于敏——隐身的"氢弹之父"

在几次调研中都表现突出。最终,上级决定直接将这项工作交给他和邓稼先来领导。

别看于敏平时随和友善,平易近人,他当起研究小组的负责人来可是十分严厉,组员都很怕他。

于敏要求组员每个星期都要汇报本周看书的进展和成果。书里有很难的公式,组员们必须自己推算成功之后,才敢在于敏面前汇报。可即便他们准备得再充分,每次汇报时,还是能被于敏尖锐的提问难住,答不上来。

在于敏和邓稼先的带领下,再加上有苏联的经验和帮助,中国在原子弹的研究上很快就有了成果。

可就在1951年、1953年,美国和苏联分别研发出了氢弹。氢弹,是比原子弹的威力还要大几百倍的武器!而此时,苏联不愿意再将研制氢弹的经验分享给我们了。中国面临的是更严峻的考验——要想不再惧怕别国的核威胁,必须也研制出氢弹来!

无名之路,余生尽献

1961年1月的一天,于敏被叫到了钱三强的办公室。

钱三强开门见山地说:"经上级批准决定,将你调入氢弹理论的预先研究工作。你愿意转去氢弹研究工作组吗?"

这是于敏始料不及的事情。钱三强与他的这次谈话,改变了他此后的人生道路。

为了国家的发展,于敏毅然决然地投身到氢弹研究的事业中。

"虽然世界上有氢弹,但对于我们来说是一

于敏——隐身的"氢弹之父"

穷二白。杜鲁门跟艾森豪威尔都赤裸裸地讲，他们决不能让中国搞氢弹。那时候中美关系非常紧张，美国甚至派军舰带着核武器到我们近海来挑衅。是可忍孰不可忍，我过去学的东西都可以抛掉，我一定要全力以赴搞出来。"于敏坚定地说。

这是一次为了理想的转变，是一次为了祖国的转变，能够有这样的转变，不仅是因为于敏的智慧与能力，更是因为他内心的坚定信仰与爱国情怀。

由于任务涉及国家安全，研究核武器的事情必须严格保密，这也就意味着，于敏不能告诉任何人他的行踪和工作，甚至连名字和身份也要保密。

这一保密，就是将近30年。

1965年，于敏带领几十名成员去往上海华

闪亮的名字

东计算技术研究所计算一批模型。那里有全国唯一一台计算速度能达到每秒万次的计算机,虽然不如现在的电脑速度快,但比人脑还是要快很多。

本以为一到研究所就可以用上计算机,可真实情况却让于敏傻了眼。由于只有唯一一台计算机,而需要使用的科研小组又不止一组,他们只能排队等待使用。就这样,于敏只能在每天晚上别人都睡觉的时候,带着小组成员熬夜推算。

那时候的计算机就像现在的打印机,计算完之后会出来很多打孔纸带,于敏就搬个椅子守在旁边,一目十行地验算着计算出来的结果。往往大家都发现不了的错误,于敏看一眼就能敏锐地找到问题。

大家讨论模型计算结果时十分激烈,常常

于敏——隐身的"氢弹之父"

因为想法不同而吵得不可开交,谁也说服不了谁。就在大家一筹莫展时,一直在埋头苦算的于敏终于有了新的进展。他判断此时的设计模型存在一些问题,针对这些问题,他提出了一种新方法。

于敏的想法就像是黑暗中的一盏明灯,瞬间驱散众人心中的迷雾。小组成员们赶紧将于敏的结论进行检验,试算了两个模型,得出了很好的结果。

于敏的发现解决了制造氢弹的关键步骤,让团队有了新的突破,胜利的曙光就在眼前!

激动的于敏给身在北京的邓稼先打了一个"奇怪"的电话,就像电视剧里的"间谍行动"一样,全程使用别人听不懂的暗语进行交流。

"我们几个人去打了一次猎,打上了一只松鼠!"于敏兴奋地说。他这是在告诉邓稼先,他

闪亮的名字

们已经发现了有效氢弹构型!

"你们美美地吃上了一顿野味?"邓稼先也难掩激动,进一步向于敏确认情况。

"不,现在还不能把它煮熟,要留作标本。我们有新奇的发现,它身体结构特别,需要做进一步的解剖研究,可是我们人手不够。"于敏这是在向邓稼先求助,希望他能派人来帮助自己。

"好,我立刻赶到你那里去!"挂断电话,邓稼先立马启程。

在旁人看来,这段对话十分奇怪,可对于像于敏这样的科研工作人员来说,深入血液里的保密意识,让他们必须克制自己的言行。即使有了显著成绩,也不能大肆声张,要时刻为国家的安全着想。

1967年6月17日,随着中国西部地区上空

于敏——隐身的"氢弹之父"

一声巨响,大漠上空同时升起两个"太阳"——两朵蘑菇云拔地而起——我国第一颗氢弹空投爆炸试验成功!

从原子弹到氢弹,美国用了7年3个月,英国用了4年7个月,法国用了8年6个月,苏联用了4年,而我们中国只用了2年8个月!这飞跃的成果离不开像于敏一样默默奉献的科学家们!他们隐姓埋名,无私奋斗,终其一生,全身心地投入国家发展的事业中。

在这漫漫几十年岁月里,于敏曾经三次和死神擦肩而过,最严重的时候,他直接休克过去,好久都没有反应。即便如此,于敏却仍在病情好转之后又迅速投身到研究中。

于敏的名字解密时间是1988年,此时他的妻子孙玉芹才知道,原来自己的丈夫一直在从事氢弹研究工作。

闪亮的名字

于敏和妻子育有一儿一女，而在此之前，年幼的孩子们根本不明白父亲每天都在忙什么。于敏很少回家，和孩子们见面的次数少之又少，即使回来，也总是在思考工作上的问题。直到孩子们长大之后，才逐渐理解父亲，最终把父亲当作自己的榜样。

而"于敏"这个名字第一次公布在大众面前，则是在1999年的"两弹一星"功勋奖章发布会上，此时距离于敏从事氢弹研发已经过去38年的时间了。

于敏就像他最欣赏的"偶像"诸葛亮那样，是为了理想奋斗终生，为了国家"鞠躬尽瘁、死而后已"的人民英雄。可于敏一直都很谦虚，他说："我比诸葛亮差远了，他是中华民族的英雄，我只是萤火之光，怎能与皓月争辉。"

有人把于敏誉为"中国氢弹之父"，于敏连

于敏——隐身的"氢弹之父"

忙摆手摇头:"这个提法不对,我受之有愧。核武器事业是一项集体的事业,是全国各条战线、多个部门大力协同的成果,不是哪一个人、哪一个单位能够独立完成的。我自己只是做了应当做的工作,荣誉属于参加核武器研制的全体科技工作者、干部、工人和解放军指战员。"

隐姓埋名数十年,将自己的一生奉献给国防事业,于敏从不叫苦、不叫委屈。他对儿子于辛说,一个人的名字早晚是要消失的,这一生能把自己的微薄之力融入强国的事业中,就已经很欣慰了。

申纪兰
——劳动就是解放

1954年的秋天,秋风萧瑟,树上的叶子缓缓落下,有的像蝴蝶飞舞,有的像鸟儿展翅。此时的北京,地上撒满了金色的落叶,好似一条金光大道,25岁的申纪兰站在北京的街道上,心潮澎湃。

这是申纪兰第一次来到北京,她骑着毛驴在路上颠簸了四天四夜。北京的一切对她来说都十分新鲜,别说那车水马龙的街道了,就连

闪亮的名字

电灯她都是第一次见到。她没有一丝闲暇的时间,马不停蹄地赶往住所,她要练习一件简单而重要的事情:画圈儿。

这次,她来北京的目的是要代表山西省平顺县西沟村的村民们,在毛泽东的名字下画上一个漂亮的大圆圈。

你可能会疑惑,画圈究竟是什么意思?那是她要投出的光荣一票!

申纪兰因在自己村里的表现突出,所以被选为农民代表前往北京参加第一届全国人民代表大会。在这次的人民代表大会中,将选举产生国家主席!申纪兰将代表西沟村的所有村民,选举毛泽东作为国家主席。

第一次进京的申纪兰不会想到,她以后还会更多次地走进这个全国政治经济文化的中心——她是唯一一位连续参加了十三届人民代

申纪兰——劳动就是解放

表大会的人大代表。

她和来自全国各地的人大代表一起见证了中国人民代表大会制度的逐步完善。有人评价申纪兰,说她是人民代表大会制度的"见证人"和"活化石"。

年纪轻轻的申纪兰为什么会被选作整个西沟村的代表呢?就让我们一起走进她的故事,感受这位女共产党员的传奇人生吧!

劳动就是解放,妇女能顶半边天

1929年,伴随着一声啼哭,申纪兰出生在山西省平顺县。

这是一个位于太行山革命老区的不起眼儿的小山村,它位置偏僻,自然条件也非常恶劣。整座山没有绿色的植被,光秃秃的一片,河滩

闪亮的名字

里也不见小鱼的踪影,到处是乱石。用一句话来形容,那就是"金木水火土,什么也没有"。

那时,这里的村民们吃不饱穿不暖,生活条件十分艰苦。旧社会的封建剥削和连年战乱让中国人饱尝苦难,中国女性更是受尽压迫,地位卑微。

那个时候的农村,人们思想封建,总是用"围着三台转"来形容女性,说女人放不下碾台,走不出炕台,离不开锅台,有些女性甚至还一直保留着裹小脚的陋习。

而申纪兰从小就不认为女人和男人有何区别,一生信守"劳动就是解放",所以18岁的她在嫁到西沟村的第6天就下地干活儿,从不喊苦喊累。

那时的申纪兰也没有想过,自己有一天竟然能改变整个村庄,她只是对那句老话"好男人走到县,好女子不出院"感到愤愤不平。

"男的才能在户籍上立户,妇女却不可以,这就是看不起妇女啊!我们妇女也是人,但没人把我们当人看……如果说旧社会是黑咕隆咚的深渊,那我们妇女就在万丈深渊的最底层!"申纪兰义愤填膺地对村民们说。

1951年,全国劳动模范、平顺县委书记李顺达为了让全村人吃饱肚子,开始大力发展生产,他联合了几个互助组成立了合作社。生产规模扩大了,光靠村子里的男劳力已经无法完成生产计划。李顺达大胆地提出:让勤奋能干的申纪兰担任副社长,去呼吁女同胞们加入劳动。

呼吁妇女加入劳动可不是一件容易的事情,几千年来形成的女人持家、男人干活儿的习俗怎么可能说改就改?

申纪兰那时才22岁,她并没有被眼前的困难吓住,而是一边积极地投入农业生产,一边挨家挨户地动员妇女们加入劳动。

"既然我已经是副社长,能说得上话了,那我就得为妇女做点事情。"申纪兰心想。

天刚蒙蒙亮,申纪兰便早早地起床,带着一壶水,开始挨家挨户地动员。

"劳动就能解放!加入我们去劳动吧,王婶儿!"申纪兰苦口婆心地劝道。

"我都是活了半辈子的人了,死了就是一辈子,还有啥解放不解放。"王婶儿一边说一边关上了家门,申纪兰碰了一鼻子灰,但她并没有灰心:"这家不行,那我就去下一家。"申纪兰决定各个击破,她突然灵机一动:"没错,我应该先去找她们哪!"

申纪兰瞄准了那些在家被丈夫看不起的女

性。当时村里有个非常胆小的李二妞，人们就说："纪兰，你要是能让她改变了，那我们就承认你的真本事，跟随你的脚步。"

申纪兰听了这话既觉得开心又感到棘手，攻破李二妞确实是个不小的难题。但她并没有因此而退缩，而是开始隔三岔五地往二妞家跑，她对二妞说："咱们好多农业妇女都下地了，你也得去呀。"二妞听了这话，摇了摇头。申纪兰又说："你在家窝着，穿得破，吃得差，还常受气，到合作社劳动，给家里多分粮，增加了收入，你男人保准要对你好的。"

二妞听了这句话，眼里闪烁着光芒，她动心了。申纪兰意识到，胜利的曙光要来了！

申纪兰不光做二妞的工作，她还会时不时地找二妞的男人谈话，做工作。功夫不负有心人，终于有一天，二妞开始扛着农具下田了！

慢慢地,村里的其他妇女也跟随着申纪兰走进农田干活儿了。

消除歧视,同工同酬破难关

可农地里的男人看不起女人,女人们也有些自卑,影响了劳动的积极性。

让妇女们下田干活儿只是第一步,如何调动妇女们劳动的积极性,让她们得到应有的尊重才是真正的难题。

"为什么我们干着同样的活儿,却不能拿同样的工钱!"

"凭什么男人一天记10工分,我们女人只能一天记5工分,这不公平!"

"对啊对啊,要是一直这样我还不如在家纳鞋底呢!"

申纪兰——劳动就是解放

妇女们此起彼伏地抱怨道。申纪兰将这些看在眼里，记在心里，不断想方设法地为妇女们争取应有的权利。

"同样干了一天撒粪施肥的活儿，为什么男劳力都记了10工分，可是我们女劳力只记了5工分？"申纪兰找上了记分员理论道。

"那还不是因为男的就是比女的强，地里的哪项技术活儿不是男人干的？"记分员反驳道。

"这是错误的思想！我明天就让你意识到自己的问题。"申纪兰生气地回去了，她意识到光靠嘴上说理是说服不了别人的，只有下手去做才是最好的证明。

第二天，倔强的申纪兰便在下地时坚持不牵马，自己踩耙劳作。一天下来，她不仅干了和男同志一样的活儿，而且把地耙得又匀又平，得到了大家的一致夸奖。

闪亮的名字

"记分员,你说说,我这个分到底怎么算?"申纪兰仰起头,底气十足地对着记分员喊道。

记分员在众目睽睽之下涨红了脸,低着头不情愿地给了她10工分。这可是山西省平顺县西沟村的女劳力第一次获得了10工分!

这个消息顿时在西沟村里炸开了锅,申纪兰趁热打铁,和村里的几个妇女积极分子一起向合作社提出了"男女干一样的活儿,应该记一样的分"的要求。

面对这个提议,男人们又不同意了:"妇女们干的活儿都还不知道是什么样,就想要跟我们一样记分?"

面对这样的质疑,申纪兰又想出了一个新的解决办法:"那我们开展一次男女劳动比赛吧!如果女人不比男人差,那就答应我们的诉求。"男人们思考了一下,同意了申纪兰的提议。

申纪兰——劳动就是解放

就这样,干活儿比赛没过多久就开始了!

比赛分配了一样多的人和地,去撒粪施肥。男人们干了一会儿就停下来喝水休息,妇女们却不叫苦不叫累,不到晌午,妇女们就都把地耙完了,而此时,还有男人没耙完呢!连最反对同工同酬的男社员也说:"是该提高妇女的工分了。"

就这样,妇女们渐渐地也开始干和男人们一样的活儿了,放羊、耙地、站耙,丝毫不弱。妇女还能和男人一样下地种苗,她们动作灵巧,效率甚至超过了男人……秋后社里评出21个劳模里,妇女占了9个。

事实证明,女社员干得一点儿都不差,有的甚至还比男社员干得好!男人们终于服气了,社务委员会经过认真的讨论,也重新确定了男女同工同酬的分配办法。

闪亮的名字

那时的申纪兰并没有意识到,她带领西沟村妇女所取得的成果,在新中国农村发展史上都具有重大的历史意义和现实意义。

1953年,申纪兰的这一创举被《人民日报》用长篇通讯《劳动就是解放,斗争才有地位》报道出来。25岁的她也因此名扬全国。所以1954年,申纪兰被选为人大代表出席第一届全国人民代表大会。不仅如此,她提出的"男女同工同酬"倡议,还被写进了中华人民共和国的第一部宪法。

申纪兰的贡献我们有目共睹,她的努力和成果在一定程度上解除了禁锢中国女性上千年的封建思想枷锁。

"要是做不到的,我们妇女就不争。我们能做到的,就是要公道。"申纪兰这样说。

扎根农村,不忘初心

为什么说申纪兰的一生是传奇的一生呢?

由于从小就没有上过学,她最初是不识字的,但是好强的她经过勤学苦练,努力提升了自己的文化水平。

申纪兰在1973年调任山西省妇联主任一职,可正厅级干部的身份并没有让她欣喜,反而令她为难。她作出了一个令所有人大为吃惊的决定,申纪兰向组织提出了"六不"申请:不转户口,不定级别,不领工资,不要住房,不调工作关系,不脱离劳动。

"农村现在还很困难,在省里有自来水用,可我们的家乡走多远还挑不到一担水。农村的生活还没有富起来,还很苦,我应该回到农村和群众同甘苦共患难。"

就这样,任职期满的申纪兰没有申请退休享福,而是毅然决然地踏上了返乡的道路,回到了山西省平顺县西沟村,为农民们寻找新的致富路。

1983年,西沟村实行了家庭联产承包责任制,迎来了改革开放的新时代。没过多久,南下考察归来的申纪兰带回了"无工不富"的新理念。她带领乡亲们办起了第一个村办企业——铁合金厂,这也是西沟人民第一次尝到市场经济的甜头。渐渐地,越来越多的企业在西沟村建成,西沟村也逐步走上了快速发展的道路。

在申纪兰身上,"勿忘人民、勿忘劳动"的初心已经融入血液。即便在担任省妇联主任期间,她也依然早早起床,给大家扫地、打开水、擦桌子,也不曾将自己和孩子的户口迁到城市。

申纪兰对物质生活看得很轻。她住的一直都是20世纪60年代的老房子，房子里有一张旧桌子和一个旧式小柜子，一张老式木床占了半个屋子，没有一件现代化家具和高档电器。但她却多次将奖金捐给村集体，坚持不领厅级干部工资，原来每月只拿村集体的150元补贴，这几年才涨到300元。

申纪兰的一生都是朴实无华的。"不是西沟离不开我，是我离不开西沟，离不开劳动。我的根在农村，我只是一名农民"，申纪兰这样的心声令人动容。

此外，申纪兰在村子里一直担任着部分村办企业的董事长职务，虽然企业产品打着她的旗号，但是她既无股份，也不领工资，更没从村办企业中拿一分钱。她对村庄的贡献一直都是纯粹而无私的。

闪亮的名字

我们知道,申纪兰身上最醒目的标签是全国人大代表。1954年,25岁的申纪兰当选为第一届全国人大代表,自那之后她从未卸任。连任十三届全国人大代表,时间跨度长达66年,这样的经历堪称难以复制的传奇。从这个角度看,申纪兰的一生与人大代表的身份深度融合,称她为人大代表制度的"常青树",并不夸张。

西沟村的村民们经常会在村子里看到一位身着深蓝色粗布衣服、一头短发刚盖住耳朵的干练妇女,她就是申纪兰。自从在1975年剪掉长辫子之后,申纪兰40多年来一直保持着这种在农村最常见的打扮。

66年间,申纪兰提出的建议涵盖着"三农"、教育、交通、水利建设等各个领域,既有关系国计民生的大事,也有涉及群众利益的小事。她事事关心,事事挂念。

申纪兰——劳动就是解放

可以说,在改革开放的40多年里,申纪兰不断地探索太行山区的发展道路,带领村民们创业致富,使西沟村形成了集旅游、商贸、种养于一体的产业发展新格局,成了全面发展的现代化新农村。

申纪兰获得过无数荣誉,但她始终牢记着自己是一名共产党员。一直以来,她严格要求自己,也严格要求着自己的后代。虽然她一生奔波劳累,没有生育,但是她领养了三个孩子。为了不让晚辈们在思想上放松,觉得自己家和别人家不一样,申纪兰经常会提醒他们:"你和别人不一样的地方在于你要更努力。要想比别人强,就要比别人忙;要想学得好,就要比别人起得早。"就这样,在申纪兰的言传身教下,她的子孙们都养成了热爱劳动、勤俭节约、低调做人的优良品格。

闪亮的名字

申纪兰一生不曾停止劳动,即便将近90岁高龄,每天还是力所能及地参加劳动。

"要和乡亲们在一起,把根永远扎在农村大地上。"这是她的初心。

申纪兰一生为西沟村的建设奔波劳碌,"勿忘人民"的初心也早已融入她的血液之中,直到她生命的最后时刻。

2020年6月28日,91岁的申纪兰走完了她不平凡的一生。去世前,躺在病床上的她仍然牵挂着西沟村,她虚弱地嘱咐身边的人:"记住,一定要艰苦奋斗,勤俭节约,一分钱掰成两半花,穷家难当,省一分是一分,节省得多了也能办个事……"不仅如此,申纪兰还将"共和国勋章"的经费全部拿了出来,上交为党费。

"太行精神光耀千秋,纪兰精神代代相传。"一个人要是没有追求,不可能干成事;一个人要是不干出一番成就，也不可能升华为一种精神。与其说纪兰精神是世人对申纪兰的致敬，不如说申纪兰以她独特的奉献赢得了人民的认同。

申纪兰是时代的一面旗帜，她的一生都在为初心、责任、使命而奋斗。她更是以劳动者的本色展现了熠熠生辉的巾帼风采。

孙家栋
——与星月相伴的科学家

夜晚，每当我们抬头看向天空，都会看到天空中的繁星密布。点点星光汇成一条闪烁不定的星河，在夜空的深蓝色幕布中，若隐若现，缓缓流淌。

盯着闪闪的星星，我们或许会有这样的疑问：在那遥远的天空之外，到底有什么呢？像宝石一样的星星，走近观看它们，究竟会是什么模样呢？传说中的天上的神仙、科幻小说中

闪亮的名字

的外星人,他们究竟存在吗?

遥远而又神秘的天空中,藏着每个人都好奇的秘密。传说,早在几百年前的明朝,就已经有人为了探索天空的秘密,付出了实际的行动。

相传,明初期的万户是第一个想到利用火箭飞天的人,也因此被称为"世界航天第一人"。据记载,万户晚年的时候,把47个自制的火箭绑在椅子上,自己坐在上面,双手举着两只大风筝,然后叫人点火发射,想利用火箭的推力,加上风筝的力量飞起。不幸的是,火箭爆炸,万户也为此献出了生命。

前辈牺牲了自己,却激励了无数后人。后来的人们从未放弃对太空的向往和探索,怀着对遥远天境的敬畏和憧憬,中国人在实现航天梦想的道路上,一直没有停止前进的脚步。

2007年10月24日,"嫦娥一号"在西昌卫星发射中心发射升空。

电视机前，亿万中国人注视着这颗缓缓升空的"新星"，它带着人类自古以来对外太空的好奇，冲向云霄。"嫦娥一号"是中国探月计划中的第一颗绕月人造卫星。"嫦娥一号"卫星首次绕月探测的成功，使中国成为世界上为数不多具有深空探测能力的国家。这也意味着，中国的航天事业又向前迈进了一大步。

电视里，科研人员们在发射现场，看着"嫦娥一号"发射成功，激动地拥抱鼓掌，一片欢呼雀跃。当镜头转向一位白发苍苍的老人时，人们却发现他正悄悄转过身去，远离喧嚣热闹的人群，独自拿出手绢，擦拭眼角的泪水。

这位和蔼可亲的老人，背后有着耀眼的星光——无数个"中国第一"和他的名字紧紧联系在一起：中国第一颗导弹、第一颗人造卫星、

> 闪亮的名字

第一颗科学实验卫星、第一颗返回式遥感卫星、第一颗通信卫星、第一颗资源探测卫星、第一颗北斗导航卫星、第一颗探月卫星……

他就是我国人造卫星技术和深空探测技术的开创者之一、中国科学院院士孙家栋。

艰难岁月，奋力求学

1948年初，战火纷飞，时局动荡。孙家栋身边的同学有的放弃了学业，有的随着国民党军队撤走，大家都在自谋出路。孙家栋的三哥孙家楠，当时已经是中共地下党员，他对孙家栋说："往北再往北，到已经解放了的哈尔滨去。整个中国都快要解放了，新中国的建设需要大量人才，你当前最紧迫的任务和人生最高使命便是继续读书。"

孙家栋听了三哥的话，立马赶到哈尔滨，报考就读哈尔滨工业大学。

当时的哈尔滨工业大学由中国和苏联共同管理。在学校里，俄语这门课程是非常基础，也是非常重要的。孙家栋进入学校后，就被分到预科班学习俄语。

俄语比我们现在学的英语要难学多了，而且那个时候不像现在可以通过看视频、听录音的方式学习外语，只能对着课本、跟着老师进行枯燥的学习，很多人都没法克服语言学习的困难。想到三哥说的话，为了祖国的建设，孙家栋硬着头皮跟俄语"死磕到底"，咬着牙坚持了下来，很快就成为班里的尖子生。

1950年的元宵节，在这个应该和家人团圆欢聚，一起吃元宵的时刻，孙家栋所在的学校也为那些不回家的学子准备了丰盛的美食。

闪亮的名字

在那个物资匮乏的年代，食堂难得地为同学们准备了红烧肉！泛着油光的红烧肉飘出浓郁的香味，还没进食堂就能闻到。要是吃上一口，那肥而不腻的滑嫩口感、入口即化的咸甜味道便会在舌尖绽放。光是想想，就快要流出口水了。好多同学甚至都放弃了和家人团圆的机会，而是选择留校，只为了尝上一口这样的美味。

和这些同学一样，孙家栋也被红烧肉勾起了馋虫，决定先吃完饭再赶回家。留下来吃饭的同学们，早已饥肠辘辘，他们敲着空碗，开着玩笑起着哄，催促快点上菜。

就在这时，学校的领导突然急匆匆地走进食堂。大家赶紧安静下来，不敢再玩闹。校领导宣布了一个让所有人都感到突然和意外的消息：

"在座的同学们，有谁想加入中国人民解放

军空军,请即刻报名!报名者,务必赶上今晚8:30开往北京的火车。"

中国人民解放军空军征兵了!今晚就走!这个消息让在场的每个人都目瞪口呆,这也太突然了,上一秒还在期待着吃上红烧肉,下一秒就要参军入伍去北京?

看着校领导认真严肃的脸,他们很快就意识到,这不是玩笑,而是千真万确的正式通知。

同学们面面相觑,就连不知什么时候端上桌的红烧肉都变得没有吸引力了。刚刚还吵着快点上菜的大伙儿,此时面对桌上的红烧肉,却没有一个人伸出筷子。

渐渐地,食堂里出现小声讨论的躁动声音:

"你想参军吗?"

"我……我也不知道。参军是很光荣,可是这太突然了,我还得再想想。"

闪亮的名字

"我也是,而且还要离开这里,去人生地不熟的北京,谁也不知道会面临什么!"

"我倒是想加入的,但的确有点突然。早知道这样,我就应该先回家见家人一面!"

…………

大家讨论的声音越来越激烈,没有人注意到,孙家栋默默地举起了手,他已经作好了决定:"报名参军!"

能加入中国人民解放军,对于孙家栋来说,就已经是至高无上的荣誉了,更何况还是能够遨游蓝天的"空军",这简直是他梦寐以求的机会!

只是简单收拾了几件行李,根本没来得及和家人打招呼。当晚,孙家栋就和其他志愿参军的同学一起踏上了从哈尔滨开往北京的火车。

到了北京以后,孙家栋才知道这次紧急参军的缘由。原来,毛泽东主席和当时的苏联领导人斯大林签署了《中苏友好同盟互助条约》，苏联答应帮助中国建立一支自己的空军部队，因此需要一批懂俄语的可造之材。

就这样，这批会俄语的哈工大预科班的同学得到了让命运发生转折的机会。

科研岁月，锋芒尽显

孙家栋庆幸自己上学的时候认真学习了俄语，并且养成了很好的学习习惯。1951年，为了培养高级航空人才，中央军委在全国优秀人才中抽调300余人参加遴选考试，最后从这300余人中精挑细选出30名成绩优异者，孙家栋名列其中。他和另外29人被派往举世闻名的茹科夫斯基空军工程学院，学习飞机发动机专业。

茹科夫斯基空军工程学院是出了名的严格，

闪亮的名字

对学生的成绩要求很高。学校在校门口树立了一面光荣榜,成绩好的学生照片会按照排名高低依次排开,贴在光荣榜上。

孙家栋在校学习7年间,成绩一直都名列前茅。他的照片也因此始终出现在光荣榜上,而且随着排名越来越靠前,照片的尺寸也越来越大。学校里的苏联人都对这名来自中国的留学生刮目相看,肃然起敬。

不仅如此,成绩优异的学生还能获得一枚由苏联政府颁发的奖章。这是一枚足足50克重的、刻有斯大林头像的纯金奖章,能获得这枚奖章,就代表着学校乃至整个国家的认可。

当孙家栋走上领奖台,接过这枚奖章时,礼堂里响起了经久不息的掌声,所有老师和同学都对他投去敬佩的目光。

1957年11月,毛泽东主席在莫斯科大学音

乐堂接见了中国留学生,他说:

"世界是你们的,也是我们的,但归根结底是你们的。你们青年人,朝气蓬勃,正在兴旺时期,好像早晨八九点钟的太阳,希望寄托在你们身上……"

毛主席的话让孙家栋备受鼓舞,他感受到前所未有的使命感,一腔热血涌上心头:历经7年学成归国,是时候在实践中检验学习成果,用实际行动报答祖国了。

回国后,正值"两弹一星"事业启动,国家指派孙家栋研发导弹。孙家栋和科研人员从苏联的导弹开始研究,他们希望能够借助苏联的经验,仿制出自己的导弹。

苏联的导弹资料卷帙浩繁,而且都是俄文,

闪亮的名字

需要花大量的时间进行整理、分类。这时，俄语过硬的孙家栋便展示出自己专业的实力。他没日没夜地埋在高高的资料堆里，一边整理一边分析有用的数据，他的大脑就像计算机一样，每时每刻都在高速运转。

就在仿制工作进入最关键的时刻，苏联却召回了原本用来帮助中国的全部专家，并收回了所有关键技术资料。没有了外援，中国就只能靠自己的力量研制导弹了。

孙家栋临危受命，被委任为导弹型号总体设计室主任。他带领团队潜心钻研，成功研制出第一枚国产仿制近程地对地导弹"东风一号"。4年之后，又成功发射了由我国自主设计的"东风二号"中近程导弹。紧接着，孙家栋又担任射程更远、精确度更高的"东风三号"导弹总体主任设计师。孙家栋的优异表现，被上级看在眼里。

光荣岁月，筑梦长空

1967年，钱学森任命38岁的孙家栋为"东方红一号"的技术总负责人，从此，孙家栋开启了卫星研究事业。

从学飞机到造导弹，再到研究卫星，对于国家的安排，孙家栋只说了简单的八个字："国家需要，我就去做。"

1970年4月24日，中国第一颗人造卫星"东方红一号"从戈壁大漠腾空而起。《东方红》乐曲响彻太空，标志着中国成为当时世界上第五个用自制火箭发射国产卫星的国家。孙家栋不负众望，再次圆满地完成了祖国交付的任务。

然而，令孙家栋意想不到的是，他的职业生涯即将迎来最惨痛的一次教训。

闪亮的名字

1974年11月5日,我国发射第一颗返回式遥感卫星。离火箭点火发射还剩几十秒,孙家栋突然发现卫星没有按照程序转入内部供电。

孙家栋瞬间脑袋"嗡"的一下,血液冲上了大脑,让他身体僵住不得动弹。如果卫星不能自己供电,就意味着即将发射上天的遥感卫星就如同一块废铁。

"赶紧停下来!"一向冷静又稳重的孙家栋突然大叫一声,在场的工作人员都吃惊地看着他,因为他的举动显然已经违反了组织纪律。

按照规定,在卫星发射的过程中,孙家栋是没有权力叫停的,但能让一向沉稳的专家突然心急如焚,一定是出现了什么异常之处。出于对孙家栋的尊重,发射场负责人同意了他的要求,立即中止发射,并安排人员检查、排除故障,再重新发射。

令所有人没想到的是,重新发射仅仅过了20秒,一声巨响传来,火箭和卫星一起爆炸,空中燃起一个巨大的火球——所有人数年的科研成果在顷刻间灰飞烟灭。

孙家栋下意识地伸出手,仿佛这样就能阻止爆炸一般,可惜,一切都太晚了。孙家栋没有察觉到,泪水早已布满他的脸颊。

所有人都伤心懊恼不已。但孙家栋没有因此消沉,他擦干泪水,作为团队的支柱,他必须振作起来,鼓励大家,从头再来。

寒冷的冬天里,孙家栋带着团队成员在沙地里搜寻爆炸碎片。即使发射已经失败,也必须搞清楚爆炸的原因到底是什么。只有找到原因,下一次才不会再犯同样的错误。

大家含着泪,仔细地在粗糙的沙石里翻找火箭和卫星的残骸,大到外壳碎片、小到螺丝

闪亮的名字

钉,甚至连一根线头都不放过,就这样整整寻找捡拾了三天。

在孙家栋的鼓励和感染下,所有人渐渐从低落的情绪中走了出来,将捡回来的残骸拼凑重整,一一排查。最后大家发现,酿成大祸的居然是一截外表看起来完好,可内部已经断开了的小导线!

一根如此细小的导线就能导致整体爆炸,这次的血泪教训,让孙家栋在之后的研究中,对每一步的细节都更加严格地把关,绝不允许再犯同样的错误。

1999年9月18日,为我国造了9年导弹,从事航天工作30多年,一次又一次为中国航天创造奇迹,主持研制了数十颗卫星的孙家栋,走上了人民大会堂的领奖台,成为共和国最年轻的"两弹一星"元勋。

2007年11月5日,"嫦娥一号"顺利完成绕月飞行。那一刻,孙家栋、栾恩杰、欧阳自远三位为中国探月工程呕心沥血的老科学家的手紧紧地握在一起,他们热泪盈眶地相互拥抱,激动地喊着:"绕起来了,绕起来了!"

"一方面为国家为民族感到自豪,另一方面也感觉到航天这个集体,没有辜负国家和人民的期望,这两种心情混合在一起,加上压力突然一释放,感情就难以自抑……"提到往事,孙家栋感慨地说。

孙家栋把一生都献给了中国航天事业,他与"星月"为伴,为了亿万中国人的航天梦不懈努力,为祖国奉献了一切。导弹、卫星、嫦娥、北斗……一步一个脚印,他就是这样开拓出了一条探索外太空的通天航路,让一代代中国航天人跟随前辈的精神指引,继往开来,大步向前!

李延年
——永葆战斗精神的军人

微风拂过窗台,窗边花盆里的粉色花朵随风摇曳。李延年拿出珍藏多年的老相册,戴上老花镜,轻轻地抚摸着照片上的每一个面孔。

那个年代的照片清晰度很低,尺寸也小。李延年仔细观看着照片上每个人的表情,昔日战友的音容笑貌历历在目,闭上眼,他仿佛又回到了那些年和战友们一起并肩作战的日子。

闪亮的名字

硝烟之下，顽强生长

1928年11月，李延年出生在一个贫苦的农民家庭。那个年代的人们，饱受战争和饥荒贫穷之苦。因为家里穷，交不起学费，才14岁的李延年就辍学去了一家粮食加工厂当学徒。由于年纪小，在工厂里的李延年总是被老板欺辱打骂，平日里除了干一些杂活儿累活儿之外，有时还要给老板端尿壶。碰到老板心情不好的时候，他还会被老板当作出气筒。李延年只能把所有的委屈都咽进肚子里，等到夜深人静的时候再一个人偷偷抹眼泪。

这段经历让李延年学会了隐忍和坚强，不管吃了多大的苦头，他都能面不改色地藏在心里。

李延年——永葆战斗精神的军人

1945年8月15日,日本政府宣布无条件投降,这也意味着,长达14年的抗日战争终于要结束了。

"共产党来了,穷苦人就有了希望!"当时,国家正在征兵,召集年轻力壮的小伙子加入军队,为国效力。

李延年记得上学时老师说过:"共产党的部队专门解放老百姓,你们一定要想办法参军!"

于是,李延年没有迟疑,立刻去了征兵现场。报名现场都是和自己差不多年纪的小伙子,每个人的脸上都是坚毅的表情,代表了他们想加入中国共产党领导的军队的坚定决心。

这群人,就是自己未来的战友。看着他们和自己一样的朝气蓬勃,对未来充满希望,李延年有一种找到组织的归属感,仿佛回到了家里一样,他更加坚定了参军入伍的决心。

闪亮的名字

"我是个穷人家的孩子，参加革命队伍算是参加对了。做一名合格的共产党员，为人民的事业干到底。当初当兵，我就做好了准备把命交给国家。"退伍后的李延年回忆起当初，参军前的想法仍印刻在心头。

"共产党的部队打仗要起到带头作用，工作、学习、生活都要带头，不带头不行。"从那以后，李延年便始终用一名军人的标准严格要求自己。

他入伍时，正是国内内战多发之时，因此他刚入伍，就有许多战斗的机会。

李延年发现，自己似乎天生就为战斗而生。一摸到枪，内心就燃起一股无名之火，指引他在战场上奋勇杀敌。他受够了受人欺压的日子，在战场上，一枪干掉一个敌人，实在是扬眉吐气！

"我喜好打枪,每次打仗都很勇敢。"李延年说。在每场战斗中,李延年都敢打敢冲,多次立功受奖。

辽沈战役打响后,李延年所在的东北人民解放军第10纵队奉命参加黑山阻击战,负责阻击国民党廖耀湘兵团,截断敌军的退路。

敌人的数量多于我军数量五倍,这一仗实属难打。但战士们清楚地知道,即使再难,也要顽强抵抗,为友邻部队争取更多包围敌军的时间和机会。只要队伍里还剩一名战士,就要继续战斗下去。最难的时候,李延年和战友们在阵地坚守了3天,让敌人寸土未进。

在阻击战最关键的时候,李延年和战友们连夜急行军100多里,双腿跑赢了敌人的汽车,赶在天亮之前到达预定地点修筑工事。就在李延年和战友们一起抢修工事时,敌人突然凶猛

闪亮的名字

地朝我方冲了过来,黑压压一片,犹如排山倒海一般。

李延年迅速反应,赶紧拉着战友抢占最佳攻防阵地,举起武器和敌人展开殊死较量。身边不断有人倒下,又不断有人接替前者的位置;一个战友牺牲了,另一个就主动补上去,昔日亲密熟悉的战友中,有许多人都将生命永远地留在了这片土地上……

"打了这么多年仗,我一直认为打仗不能怕死,越是畏畏缩缩,说不定就真的'光荣'了。"辽沈战役结束后,李延年还先后参加了平津战役、宜沙战役等战斗,愈战愈勇,每场战斗都表现出色。1950年8月,李延年在湘西剿匪期间被提拔担任连队指导员,并率领连队以微小代价消灭土匪200余人。

从年轻的小战士,到经验丰富的指导员,

李延年——永葆战斗精神的军人

一路走来，李延年从未动摇过内心信念，一心为党和人民而奋斗。为了牺牲的战友，他决定，一定要好好活着，带着战友的心愿继续勇敢战斗下去。

鸭绿江畔，浴血奋战

抗美援朝期间，李延年所在部队被编入中国人民志愿军入朝作战。1951年3月，李延年随志愿军跨过鸭绿江。10月，他担任志愿军某营七连指导员，他所在的营奉命对失守的346.6高地实施反击。

346.6高地总共有五个小山头，李延年带领连队负责从右路攻击，率先夺下一个山头。一场战斗下来，小山头上一片狼藉，原本茂密的树丛都被炮弹炸平了，就连树根都被炸飞了出来，地上到处都是燃烧着的枯木残枝。夯实的黄土地都被打成了空心的虚土，稍有不慎就会一脚踩空掉进坑里。即便如此，丧心病狂的敌人仍未停止轰炸，时不时地仍有炮弹袭来。

有一张照片就记录着李延年掉进虚土里的那一刻：照片里，李延年戴着破损的钢帽，半个身子都被埋在土里，一名通信员拼命把他从土里挖了出来。

"你中弹了！"通信员又心疼又着急。

李延年挥挥手，轻松地说："哦——没事！"

不就是挨了枪子儿吗？没什么大惊小怪的，李延年想。李延年不知道的是，他不是被枪打中了，而是被一枚炮弹碎片击中了！即便受了重伤，即使鲜血浸湿了衣背，他也没觉得有多痛，更别提掉眼泪了，因为他的胸中有一颗为祖国战斗到底的心。

李延年——永葆战斗精神的军人

张排长是和李延年一个警卫班的战友。一次战斗中，李延年发现张排长暴露了，赶紧从底下的坑道里跑过去提醒他。

"你赶快趴下！"李延年心急如焚地朝着张排长大喊。可没等他话说完，一枚炮弹就砸在张排长的头上，张排长头部被击中，壮烈牺牲了。

自己受伤流血，李延年都能忍过去，可眼睁睁地看着战友就在自己眼前被炮弹击中，李延年却再也无法忍下去。经过一夜激战，李延年所在的部队伤亡很大，通信电台被炸毁，一度与上级失去了联系。当时后方指挥无法知晓战场的情况，前方战场也收不到指挥命令，有些年轻没有经验的小战士开始感到不安。

敌人想要乘虚而入，发起一轮又一轮强悍的攻击，压向我军阵地。而此时，部队里的武器损坏情况十分严重,机关枪已经无法连发,全营弹药都严重不足。

初秋的深山夜里非常寒冷,战士们去的时候还穿着单衣,大家都冷得发抖,山上也没水喝、没饭吃,饿了就只能吃点自制的面粉。

战士们疲惫的状态李延年都看在眼里,他高声大喊着口号,鼓舞士气:"我们已经打下四个山头了,还剩最后一个。我们一鼓作气,把它打下来!"

听到这话,战士们眼里泛起希望的光,不约而同地盯着李延年。

"没有弹药,就去战场上搜!我们是硬骨头,能攻上来,就能守得住!"一句"硬骨头"唤醒了战士们不屈的意志,战士们情绪高涨,每个人都抱着视死如归的决心,再次拿起武器,奋力杀敌。

休息时,战士们就赶紧清扫战场,拣回弹药。不管是敌人的还是自己人的,只要有弹药,就立马再次投入战斗。

"打退敌人增加一分光荣,共产党员、共青团员大显身手的时候到了!"李延年高喊着口号,一边将剩余战士重新编队指挥作战,一边冒着炮火组织人员抢修工事。

"我们能把阵地夺回来,就能守得住。把阵地守得住,我们就是胜利。"此时,李延年早就忘记身上的伤痛,心中只有一个信念,就是守住阵地。

两天一夜的战斗中,丧心病狂的敌军不顾一切地一轮又一轮地压向我军阵地,将炮弹不遗余力砸向我军,密集到仅仅一面普通的军旗上就布满了200多个弹孔。

战斗中李延年发现,敌人大约每隔3分钟

闪亮的名字

就会发起一轮炮弹攻击。掌握这个规律后,李延年和战友利用间隙,悄悄摸上了第五个山头。

爆破班班长滕桂桥,在子弹打光后,虽然已经身中数枪,但仍用最后的力气拉着爆破筒,义无反顾地冲向敌人,最后与冲上阵地的20多个敌人同归于尽。

看着战友一个接一个地牺牲,李延年强忍悲痛,他带领战士们继续奋勇杀敌,打退了敌人的多次反扑。直到通信恢复,重新收到上级的命令,他们才撤出阵地。

李延年所在的部队,共有203人参与战斗,最终撤出来的只有40多人。

战后,志愿军总部这样评价李延年:"李延年同志在强攻346.6高地的战斗中,在战斗激烈和伤亡大的情况下,先后共整顿五次组织,并随时提出有力的鼓动口号。在胜利的情况下勇敢前进、紧张情况下压住阵脚，自始至终保持了部队有组织地进行战斗……对战斗胜利起了决定性作用。"

1952年11月，李延年被志愿军总部授予"一级英雄"称号、记特等功1次，并获朝鲜民主主义共和国自由独立二级勋章。

荣誉满肩不改初心

李延年从朝鲜战场凯旋回国后，他的战斗生涯并没有就此画上句号，他又在部队兢兢业业地奉献了29年。

1979年，作为广西军区原某边防师政治部副主任的他，参加了边境作战，负责保障工作。彼时，这位已年过五旬的战斗英雄像过去无数次受领任务那样，响亮干脆地说："作为一名老

闪亮的名字

兵,党叫干啥就干啥!"

李延年这一生,获得大大小小荣誉无数,可对他来说,这荣誉却是一件无法开口提及的"羞事",一提起来,他就心里难受。

"我戴着这么好的勋章,获得这么高的荣誉,这都是牺牲流血的同志换来的啊。"李延年把自己各类荣誉奖章都捐给了军事博物馆。想起那些逝去的战友,李延年说:"现在你们都不在了,我活下来了,国家给我们这么高的荣誉,我感到惭愧啊。"

从部队离休之后,李延年过着简单低调的生活,他从不主动跟人提起自己的功绩,多年来坚持读书看报听广播,关心国家大事,紧跟时代的步伐。他卧室的书桌上,摆满了各类政治学习书籍,书和笔记本上密密麻麻地记满了理论要点和心得体会。

"把荣誉还给英雄,把初心传给后人。"李延年在纸上一笔一画地写道。

虽然战争已经结束,可对于李延年来说,"战斗"却并未结束。

李延年经常去中小学给孩子们宣讲红色故事,他始终相信,教育青少年是第一位的任务,一定要让后辈好好学习,不忘初心。李延年对孩子们说:"当社会主义的接班人不容易,要继承革命前辈的精神,遵照习主席的指示,不忘初心、牢记使命。绝不能忘记流血牺牲的千万烈士,是他们的付出换来了我们今天的幸福生活……我戴这个勋章就要替牺牲流血的同志讲话发声,他们没有完成的任务,我们要继续完成。他们没有实现的目标,我们一定要实现。"

战争年代,战斗就是打败敌人,而和平年代,李延年的"战斗"则是带着烈士们的荣誉,

闪亮的名字

将烈士们的精神传递下去。

2019年中秋节前夕,在广西军区军史馆烈士墙前,李延年驻足凝视,他一边看,一边轻抚着墙上每一位牺牲战友的名字。李延年闭上眼,脑海中又浮现昔日战友的笑脸,手指抚摸的冰冷文字仿佛有了温度。

走出军史馆,广场上,五星红旗迎风飘扬,李延年驻足,对着国旗缓缓举起右手,敬了一个标准的军礼。李延年知道,自己还有很重要的任务没有完成:代替逝去的烈士们活下去,让后人牢记历史。

张富清
——紧跟党走,做党的好战士

在湖北恩施土家族苗族自治州有一座美丽的小城叫来凤县,那里没有车水马龙与人声鼎沸,只有安逸且舒适的平凡生活。但就是在这座平凡的小城里,发生了一件并不平凡的事。

2018年底,为了响应国家政策,小城里的退役军人事务局按照上级指示开展退役军人信息采集工作。12月3日傍晚,正当工作人员整理材料准备下班时,一位衣着整齐的中年男子

闪亮的名字

拿着一个陈旧的皮箱走进了办公室。

"您好,请问这边是军人信息采集点吗?"这名中年男子十分礼貌地问。

"嗯嗯,您这边请,把材料递给我做登记就行啦。"工作人员十分热情地回复。

可当中年男子小心翼翼地把那陈旧的皮箱打开后,所有人都惊呆了。皮箱里面有一份保存完好却已经泛黄的立功登记表,上面清晰地记录着一名叫"张富清"的战士的丰功伟绩:一次特等功、三次一等功、一次二等功、两次获"战斗英雄"称号。

"一等功"是什么概念呢?在一个军队中,只有对军队有重大贡献,并且对全军有重大影响的人才会被记一等功。不仅如此,登记表下方还有一张色彩鲜艳的报功书,上面记录着张富清在解放战争中奋勇杀敌,荣获特等功的荣誉。这特等功比一等功的级别还要高,人们不禁惊叹,在他们这个不起眼的小城里竟然卧虎藏龙,生活着这样一位大英雄。紧接着,几枚金光闪闪的奖章被取了出来,其中有一枚是西北军政委员会颁发的奖章,上面还镌刻着"人民功臣"四个大字……

"这些荣誉,这些奖章,可不是一个普通人能拿的,请问张富清是……?"瞠目结舌的工作人员好奇地问这位中年男子,他们对这位名叫"张富清"的战士充满了兴趣。

"张富清是我的父亲,这么多年过去了,我从来都不知道他是一名退伍军人。直到这次退役军人信息采集,我们才知道了他的过去。这小皮箱里的东西,我们全家人都是第一次见,他藏得可深了。"中年男子不好意思地摸了摸脑袋。

闪亮的名字

"您的父亲是一名不折不扣的英雄,这些赫赫战功就是他最好的证明。"工作人员斩钉截铁地说。

自那天起,"张富清"这个名字逐渐被传开,那些尘封了60多年的往事也随着这个偶然的契机被世人所知。越来越多的人知道了这位老英雄的故事,就连国家主席习近平都对张富清这位湖北老人的先进事迹作出了重要指示。

就让我们一起走进张富清的故事,去感受属于他平凡而又伟大的一生吧。

九死一生的永丰战役

虽然张富清已经在湖北生活了几十年,但恩施土家族苗族自治州的来凤县却并不是他的老家。1924年,张富清在陕西省汉中市洋县出生。他是如何与这远远相隔六百多公里的两个地方产生联系的呢？那还得从他24岁那年说起。那一年，他成了一名中国人民解放军战士，并且还在同年8月加入了中国共产党。

处于和平盛世的我们可能无法想象战争给过去的人们带来的伤害。战争让无数的普通百姓家破人亡、妻离子散，无情的炮弹炸毁的不仅仅是一个又一个村落，更是人们的希望。

当时的中国还未解放，选择在那个年代参军入党，其实就意味着把自己的命交给了党，为建设新中国奉献出自己的所有。但张富清不畏生死，毅然决然地将自己的一生奉献给了党，奉献给了国家，年仅24岁的他便清楚地意识到，中国人民的未来就寄托在人民解放军的身上。

于是，张富清舍生忘死，不畏强敌地投入解放战争中。他一路英勇奋战，勇往直前，先

闪亮的名字

后立下了四次大功!

张富清作为壶梯山战斗中的突击组组长,浴血奋战,不仅攻下了敌人的碉堡1座,还缴获了机枪1挺,为后面大部队顺利推进扫清了障碍。在这次战斗后,他荣立师一等功!没过多久,张富清带领6名突击组的队员在东马村的外围冲锋陷阵,成功占领了敌人的碉堡,虽然当时的他已经负伤流血,可一想到要为后面部队打开前进之路的缺口,张富清便强忍着疼痛,继续在战场上奋勇杀敌。他在这场战斗中,荣立团一等功!

张富清越战越勇,锐不可当,在后面的几次任务中,他压制住敌人的火力,成功阻截敌人,荣立师二等功;更是在深夜突袭,夺取了碉堡2个,打得敌人措手不及,荣立军一等功!

张富清——紧跟党走，做党的好战士

张富清在这纷飞战火里所向披靡的经历并没有被历史掩埋，他立下的赫赫战功都被悉数记录在了那泛黄的登记表上。这些在外人看来只是白纸黑字的记录，对于张富清来说是一次次面对死神的劫后余生。他肩负起的不仅是战友的希望，更是国家的希望。没有他们的英勇奋战，就没有我们如今的和平年代。

1948年，为了能够帮助淮海战役解决部队粮食问题，西北野战军接到了攻下陕西蒲城永丰镇的战斗任务。接下任务的解放军连夜挖掘坑道，逼近了永丰镇的堡墙之下，但新的问题接踵而至：

"城墙这么高，我们怎么进去？"有士兵问道。

"就是爬，我们也得爬进去！"排长坚毅地说。

闪亮的名字

"我去吧!我之前就是突击组的,我先上,为大家打开一条道路。"张富清大声地对排长喊道。

"我也去!""我也愿意!"其他士兵此起彼伏地喊道,没有一个人退缩。

最终,排长选出了两人和张富清一起在当晚发起突击。

夜渐渐深了,张富清和战友们开始行动了。固定好了绳索之后,下一步就是爬上城墙。这城墙十分高大,周围还有敌人看守,在攀爬的过程中一旦暴露,那就如同落入虎口一般,在劫难逃。

张富清和战友们以过人的身体素质顺利地爬上了永丰城墙,尽管双手在与绳索的摩擦过程中已经出血,可他们完全不在乎。张富清找准时机,率先跳下了城墙,当他抬头才发现,自己已经落入了敌群，七八个举着枪的敌人围着他们。

说时迟那时快，张富清举起了自己手中的冲锋枪就是一顿扫射。他本想把敌人打退，可他哪是这么多人的对手，突然间，张富清的脑袋好像被石头重重地砸了一下，顿时两眼发花，头晕目眩。他晃了晃脑袋，努力让自己保持清醒，再次专心地投入到战斗中。没过一会儿，鲜血顺着他的脸颊流了下来，这时他才意识到自己已经"挂了彩"，用手一摸脑袋，顺着头皮的方向竟然有一道子弹留下的沟壑。原来，敌人的子弹刚才是擦着他的头皮飞过去的！

张富清早已不在乎生死与疼痛，他的心中只剩下一个信念：作为一名共产党员，只要党需要我，我就不能退缩！就算只有一条最艰险的路可走，我也会保持对党的赤胆忠心，迎难

闪亮的名字

而上!就算是牺牲了,这也是为了党为了人民,我也无比光荣!

就是这个信念支撑着受了伤的张富清坚持战斗到了最后一刻。他虽然头部血流不止,但思路却十分清晰。当他拼尽全力把外围的敌人击退之后,立刻以最快的速度在碉堡下徒手挖出了一个土坑,然后拿出了携带的所有手榴弹和炸药包,并把它们捆在了一起,埋在了那个土坑中。

张富清将手榴弹拉环拉下,迅速侧滚翻到一旁掩护起自己。手榴弹的爆炸引爆了炸药包,"砰"的一声巨响之后,碉堡顺利被炸毁。这场战斗打到了天亮,张富清和战友们共炸毁碉堡两座,缴获机枪两挺!可这场战斗的胜利是张富清和战友们拿生命换取的,和他一起突击的那两名战友自战斗开始后他再也没有看到。

张富清——紧跟党走,做党的好战士

张富清只要回忆起这段往事,便会眼含热泪,内心久久无法平静。他只能轻声感慨:"和我一起并肩作战的许多战友,都为党为人民献出了自己宝贵的生命。和他们相比,我有什么资格来标榜自己啊!"

有人问张富清:"难道你在打仗的时候真的不怕死吗?"

张富清总是坦然作答:"有了坚定的信念就不怕死。我情愿牺牲,为全国的劳苦人民、为建立新中国牺牲,光荣,死也值得。"这个回答朴实却又铿锵有力,这个信念简单却又充满激情。张富清以坚定的信仰战胜了死神,跨过了所有阻碍新中国建设的绊脚石。正是因为有了信念这盏明灯,张富清才有了奋进的方向,经得起那些血与火的严峻考验。

闪亮的名字

朴实勤勉，默默奉献

张富清作为一个土生土长的陕西人，就连打仗也没有到过湖北，那他到底是如何来到湖北省恩施土家族苗族自治州的呢？

其实，这源于他心中那颗为国奉献之心。在中华人民共和国成立之后，虽然人们过上了没有战争的和平生活，但有些地区仍然十分贫困，亟须建设。1955年退役转业时，张富清坚决服从组织安排，赴湖北最偏远的来凤县工作。他带着爱人孙玉兰扎根来凤县，一口皮箱，锁住了他在战场上获得的全部荣誉。

张富清先后在来凤县任城关粮油所主任，三胡区副区长、区长，建行来凤支行副行长等职务，哪里缺人他就去哪里支援。这之中的有些单位可是外人眼中的"肥差",可张富清全家过得却并没有那么光鲜。张富清的儿子回忆起小时候,记得就算父亲是在粮油所工作管理粮油供应,家里也总是吃不饱、睡不暖。

"外人都以为我们家条件好,可是家里的事情,爸爸其实都不怎么帮我们。"张富清的儿子想起小时候的生活不免有些委屈,"感觉自己童年就没有吃饱过。"

不过,张富清并不是对自己的孩子不负责。在他眼里,家人只要有的吃、有的穿就行了,还有很多老百姓没吃没穿,需要帮忙。张富清把一颗心全部奉献给了百姓和国家,自己从来没有想过要从中获得什么好处,也从来没有向组织要过任何补贴,就连自己的工资也是国家发多少就是多少。

"等我长大一点后,才明白了父亲的良苦

用心。父亲以身作则,他就是我们的榜样。"张富清的儿子后来感慨道,"我自己也被父亲的所作所为打动,我们是领导的家属,就应该在各个方面都起带头作用。"在张富清的影响下,他身边的所有亲人都被带动着为国奉献,为社会奉献。

"张老为人正派,做事也尽职尽责,总是挑最难最辛苦的任务,我们每个人都对他敬佩有加。"和张富清一起工作过的同事们都对张老赞不绝口,那时的他们还不知道张富清奋勇杀敌的英雄事迹,只是针对他的工作态度就给出了如此高的评价。

上了年纪后,张富清得了白内障,眼睛看不清东西了,便在儿子的安排下前往武汉进行白内障手术。离开之前,建设银行的后辈行长特地前往张富清家嘱咐他:"您的医药费是可以

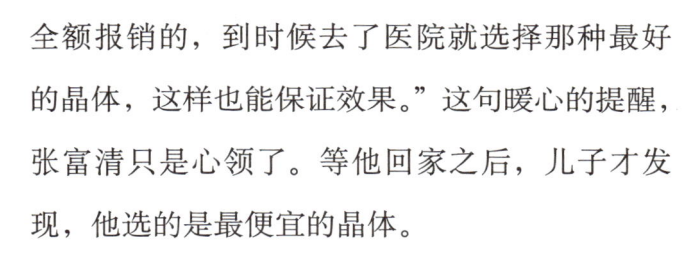

全额报销的，到时候去了医院就选择那种最好的晶体，这样也能保证效果。"这句暖心的提醒，张富清只是心领了。等他回家之后，儿子才发现，他选的是最便宜的晶体。

"当时和我同病房的是一个农民，我就问了问他选的什么晶体，然后我就让医生给我用和他一样的了。"张富清说，"我已是95岁高龄的人了，我已经离休了，不能再为国家作贡献了，能为国家节省一点是一点。"

离休后，张富清依旧保持艰苦朴素的作风，住老房子，穿旧衣服，用旧家具，过简单生活。2012年，张富清因病左腿截肢，为了不影响子女"为党和人民工作"，88岁的他装上假肢顽强站了起来。

2018年底，国家开展退役军人信息登记，张富清隐藏半个世纪的战功才被发现。

闪亮的名字

战斗英雄的事迹披露后，诸多光环加身，他依然是老样子，没有一丝一毫的改变，还是那个坚守初心、保持本色的张富清。

2022年12月20日，张富清在湖北武汉因病去世，走完了他战斗与奉献的一生。

张富清一生都在以自己的方式报效祖国，他自认平凡，却做了无数伟大的事。战争时期，他奋勇无畏，在枪林弹雨中披荆斩棘，立下战功无数；新中国成立之后，他勤勤恳恳，为国家的建设做实事，为人民办好事；离休之后，他低调为人，面对疾病坚韧不拔，永不放弃。

张富清身上有太多令人感动的精神品质，他就是这个时代的精神丰碑！

袁隆平
——甘于奉献的当代"神农"

2021年5月24日,长沙下着细密的小雨,天空灰暗又低沉,压得每个人都喘不过气来。这一天,整个长沙市的菊花都被卖空了,所有的鲜花和悼念都送给了同一个人。

长沙的街道挤满了前来送别的人群,人们不约而同地从四面八方赶到湘雅医院,一动不动地伫立在雨中:白发苍苍的老人、身着校服的学生,甚至还有蹒跚学步的孩童,每个人都

闪亮的名字

手捧鲜花,面色凝重,望向前方。

灵车向人群驶来,雨越下越大,就连老天爷都在为袁隆平的逝世而哭泣,雨滴打在每个人脸上,和满脸的泪水混合在一起。

"袁爷爷,一路走好!"

人群里,不知是谁大声喊了一句,颤抖而撕裂的声音击溃了在场每个人的内心防线,在无数人的哭泣声中,所有人都自发高声整齐地喊道:"一路走好!一路走好!!"

数千人的呐喊声回荡在长沙上空,汇集着全国各地人民的悼念之思。数十万人不远千里连夜赶到长沙市明阳山,只为送袁隆平最后一程。

一位85岁的走路都颤颤巍巍的老奶奶,却坚持坐了6小时颠簸的大巴车,赶到现场;一个刚下夜班的送外卖小哥,来不及脱下工作服,就匆匆赶来悼念；还有从河北省临城县连夜驱车8小时赶来的一家三口，夫妻俩带着刚学会说话的孩子，在雨中伫立一整天，只为了来送别。浩荡的人群在无言的默契中，默默缅怀着这位让亿万人民吃饱饭、吃好饭的恩人。

袁隆平爷爷为什么会让人们如此怀念呢？因为他为国家和人民作出的贡献关系到我们每个人的一日三餐，关系到家家户户的餐桌。

我们从小就会背"谁知盘中餐，粒粒皆辛苦"，那么你知道我们吃的大米是怎么来的吗？

每年春暖花开的时候，把种子播种在水田里，种子经过发芽，会长出嫩绿的秧苗。在阳光雨露中，秧苗肆意生长，杂乱无章，这时就需要把那些"捣乱"的秧苗拔掉，还要去掉病苗和结穗比较少的弱苗，之后就等着这些剩下的秧苗慢慢结穗长大。

闪亮的名字

等到了秋日丰收时节，沉甸甸的稻穗会压得水稻直不起腰，这个时候就要收割稻秆，将稻秆上的稻穗筛下来。这些被筛下来的水稻粒经过脱壳处理之后才能变成大米。因此，要想吃到喷香的大米饭，就得看水稻能不能茁壮成长，能不能结出饱满的稻穗。

许多年前，我国的农业还不够发达，粮食产量比较低，满足不了人们的需求，遇到灾年，还会发生忍饥挨饿的情况。在那样的年代，有一位农业科学家一直坚持从事"水稻雄性不育试验"，立志找到提高水稻产量的方法。他的坚持不仅让亿万人填饱肚子，远离饥饿，更为中国粮食安全、农业科学发展和世界粮食供给作出了杰出贡献。他就是被誉为"世界杂交水稻之父"的袁隆平爷爷，杂交水稻研究领域的开创者和带头人。

袁隆平——甘于奉献的当代"神农"

别看袁隆平爷爷已经年过90，但他的精气神可一点也不比我们年轻人差。不管遇到什么事，他总是笑呵呵的，即使失败了，也总是乐观地说："失败了不气馁，找到原因从头再来就是啦！"

被问到对年轻人有什么寄语时，袁爷爷就像小孩子一般，立马露出自豪的表情，得意地一笑："年轻人啊，首先要注意身体，这是最基础的！"

"我年轻时喜欢锻炼，我可是个游泳健将啊，年轻的时候是武汉市第一名啊！"回忆起往昔的光荣时刻，袁爷爷满脸藏不住的骄傲，"当年没有哪个人能赢我，现在很可能你们这些年轻人都游不赢我。"

袁爷爷这可不是在吹牛，如果他当年没有选择从事农业研究，说不定后来真的能成为奥运会游泳冠军呢!

不服输的"体育健将"

袁隆平小时候和家人一起逃难到重庆,一路上都在坐船。

有一天,袁隆平不小心掉进水里。不会游泳的他在水中翻腾,大喊着"救命",可挣扎得越用力,就越下沉。大量的水灌进他的鼻孔里、口腔里,差点就要将他淹没。就在这时,经验丰富的老船夫及时发现了袁隆平并将他救上了船,这才使他脱离危险。

上船后的袁隆平并没有感到多害怕,相反,天性乐观的他立马决定:一定要学会游泳!这样无论是以后再遇到此类情况,还是需要下水救人,他都能够应对。

袁隆平——甘于奉献的当代"神农"

到了重庆以后,一到夏天,每天放学回家后,袁隆平就跑到长江边练习游泳。渐渐地,他掌握了熟练的游泳技术,甚至可以从江这头游到江对岸,气都不带喘地游上一个来回。游泳的时候,袁隆平感到很快乐,不仅仅是因为运动带来的身心舒畅,更多的是因为身体徜徉在江水中时,耳边响起激荡的流水浪花声,让他感觉温柔的江水就像是大地母亲的被子一般包裹着自己。

后来,袁隆平觉得自己的游泳技术还算不错,很想参加一次正式比赛,来检验自己的学习成果。

1947年6月,湖北省举办全省体育运动会,袁隆平积极地报了名。可体育老师只是打量了他一下,便摇摇头说:"你个子太小,体力不够,不行!"

闪亮的名字

袁隆平很不服气,心想,都不给我机会证明自己,就这么快否定我,哼,走着瞧!

预赛的那天早晨,袁隆平也偷偷来到比赛现场。

对于袁隆平的出现,体育老师十分惊讶。体育老师无奈地笑了笑,这小子,总是有股子"不服输"的劲儿,于是他对袁隆平说:"你既然来了,那就试试看吧!"

结果出乎大家意料,这个不被看好的小个子,竟然在预选赛中获得了汉口100米自由泳和400米自由泳的双料第一名!而在接下来的比赛中,袁隆平更是一鼓作气,拿下了全省男子自由泳比赛的第二名!

这下可让所有老师和同学都对袁隆平刮目相看。当袁隆平带着荣誉回到校园时,同学们都以他为荣,大家兴奋地把他抬起来,向上抛举庆祝。

遇到困难，一定要努力克服、顽强拼搏。正是身上这股不服输的劲儿，促使袁隆平在往后的人生道路上不断迎难而上，攀登高峰。

大自然的"农业启蒙"

袁隆平从小便对大自然十分热爱，他爱山水树木，爱花鸟草虫，爱大地和泥土，也爱雨露和阳光。

刚上小学时，他随母亲到汉口郊区的一家果园游玩。一直生活在城市里从没去过农村果园的他，就像是打开了新世界的大门，眼前花红柳绿的缤纷景象深深地印在了他的脑海里。

母亲牵着他的手，漫步在茂密的果林里。粉红水润的大桃子挂在树上，一个个结实又饱满，仿佛用手指戳一下就能溢出汁水来。顺着木架奋力攀爬上来的藤蔓，结出一串串碧绿的葡萄，苍翠欲滴，泛着酸甜的香气。不远处的田埂上，结出几个红红的西红柿，这在当时可是稀奇玩意儿。袁隆平看呆了，久久愣在原地。放眼望去，黄的、红的、白的、绿的……五颜六色的果实构成了一幅丰收的图画，空气中飘来果实的香气，到处都是大自然赐予农民的礼物。

"我们吃的粮食是黄土地里长出来的，我们穿的衣服是用从黄土地上收获的棉花织成的布做的，我们住的房子是用黄土烧成的砖盖起来的……总之，我们的衣食住行都离不开土地。所以说，土地是生命之源。"母亲对年幼的袁隆平说。袁隆平似懂非懂地点了点头。

从此，每到桃子成熟的季节，记忆中那

袁隆平——甘于奉献的当代"神农"

个美丽的果园便浮现在他的脑海里:满园里郁郁葱葱,到处是芬芳馥郁的花草和饱满鲜艳的果实。

"我觉得那一切实在是太美丽了!美得我当时就想,将来我一定要去学农。"袁隆平兴奋地说。

袁隆平的母亲华静是一位温柔贤淑的知识女性,她爱读哲学家尼采的著作,还能讲一口流利的英语。在对孩子的教育上,华静也很严格:"孩子的智商如同宝库,唯有品德和情操,才是打开宝库的钥匙。"华静不仅努力为孩子们创造最好的教育环境,还十分注重孩子的品德教育,让袁隆平从小便树立起积极向上的价值观。因此比起同龄人,袁隆平在对事物的认知上更加成熟理性。

16岁时,袁隆平转入一所由英国人创办的

闪亮的名字

高中。这所学校里，英语、物理、化学这几门课程全是由欧洲老师用英文授课。

在母亲的耳濡目染下，袁隆平小时候便养成了好的学习习惯。在全英文的学习环境中，他的英语进步得很快，就算看英文电影，他也能一字不漏地全听懂。良好的英语基础，为袁隆平日后研究杂交水稻提供了最夯实的技能支持。

到读大学选专业时，袁隆平的父亲因自己一直从政，他建议袁隆平填报南京的重点大学，以后和他一样走仕途，为人民作贡献。母亲则民主地说："爸爸的意见你要认真考虑。当然最后还得由你自己做主！"

看着母亲殷切的脸，袁隆平的思绪又飘回到记忆中的果园，每每想起，他仿佛都还能闻到当时的果香。

袁隆平又想起,小时候母亲带自己去"神农洞"游玩。当时正值秋收时节,来来往往的游客只要经过神农的雕像前,都会停留驻足,向神农虔诚祷告。年幼的袁隆平好奇地问:"为什么人们这么尊敬神农?"

母亲笑着摸了摸袁隆平的头,温柔地说:"我们吃的粮食都是当年神农氏教人们种出来的!"

神农,是上古时期的炎帝,是人们敬仰的先贤。相传,他亲尝百草,发展用草药治病的方法;他发明刀耕火种,创造了两种翻土农具,教人们垦荒种植粮食作物;他还领导部落人民制造出了饮食用的陶器和炊具。

听完母亲的介绍,袁隆平不禁对眼前的雕塑肃然起敬,毕恭毕敬地向神农行了三个鞠躬礼。

就像老年的袁隆平在信中写的那样,在他

闪亮的名字

成长的道路上,母亲是那颗最亮最闪的启明星:

"无法想象,没有您的英语启蒙,在一片闭塞中,我怎么能够用英语阅读世界上最先进的科学文献,用超越那个时代的视野,去寻访遗传学大师孟德尔和摩尔根?

"无法想象,在那个颠沛流离的岁月中,从北平到汉口,从桃源到重庆,没有您的执着和鼓励,我怎么能够获得系统的现代教育,获得在大江大河中自由搏击的胆识?

"无法想象,没有您在我的儿时讲尼采,讲这位昂扬着生命力、意志力的伟大哲人,我怎么能够在千百次的失败中坚信,必然有一颗种子可以使万千民众告别饥饿?"

回想从小到大的种种过往,袁隆平心中的理想逐渐清晰起来,他越发意识到,自己对大自然的一切都心生向往。他爱春华秋实、瓜果树木,也希望像神农那样回到大地母亲的怀抱中,用双手创造出新世界,解决粮食问题,改善民生现状。

"我要报考农学院!"袁隆平坚定地说。

见儿子如此坚定,一向民主的父亲也没有再提反对意见。他只是教导儿子,既然是自己选择的道路,就要坚持到底。

袁隆平坚毅地点了点头。

稻田里的"当代神农"

就这样,袁隆平进入西南农学院(今西南大学)学习。从此之后,他几乎一生的时间,都

闪亮的名字

是在农田度过的。

炎炎夏日,太阳像烧焦的火球,狠辣地灼烤着大地。寻常人或待在家中避暑,或想办法乘凉降温,可偏偏有这么一个怪人,不顾高温热浪,一头扎进稻田里。不用猜,这个人就是袁隆平。

盛夏的稻田里气温高达40℃,即使穿着厚厚的鞋子,也能感受到地表的高温。升腾的滚滚热浪让稻田就像一个大火炉,全方位地"烘烤"着袁隆平。袁隆平就要在这大片大片的稻田里寻找"水稻雄性不育株"。他必须时刻佝偻着腰,弯下身子,一株一株地查看水稻,这难度无异于"大海捞针"。

袁隆平穿梭在稻田里,密密匝匝的稻叶就像锋利的小刀,一次次地划伤他的双腿。夏日的蚊虫极多,一些叫不出名字的小毒虫也趁机

"为非作歹",盯上袁隆平这个送上门的"大餐"。即使袁隆平把全身包裹得严严实实,身上还是留下了许多被蚊虫叮咬的痕迹。

最可怕的是一种叫"水蛭"的软虫,它隐藏在烂软的泥田里,最爱吸附在人的皮肤表面,疯狂吸血。对付这种虫子,不能把它硬扯下来,因为越扯它就扎得越深。

可这些毒虫蛇蚁,在袁隆平看来,并不是他最害怕的。袁隆平最害怕的,其实是自己的寻找没有结果,研究不出提高水稻产量的方法,心中的理想无法实现。

功夫不负有心人,就在这样年复一年的寻找中,袁隆平终于在成千上万株的水稻中,一步一个脚印、一株一探寻地找出了6株雄性不育株。

这6株雄性不育株是培育人工杂交水稻的关键,如果能够科学培育,就可以大幅度提高

闪亮的名字

水稻产量。

经过两年的实验,袁隆平终于培育成功"雄性不育系",并于1966年2月在中国科学院的院刊《科学通报》上发表了一篇名为《水稻的雄性不孕性》的论文。这篇论文一经发表,就引起了上级领导的高度重视。上级领导立即发函支持袁隆平的研究活动,表示这项研究的意义重大,如果能成功,将使水稻大幅度增产,解决人民的吃饭问题。

好消息接连传来,袁隆平得到了国家和政府的支持,更加坚定了他要在这条路上走到底,不能辜负人民的期望的决心。1968年5月的一天,袁隆平像往常一样来到试验田,却发现试验田一片狼藉,秧苗全部被拔光,地上到处是凌乱的脚印,原本茂密的稻田被踩得光秃秃的,肥沃的泥土被破坏得稀烂。试验田毁了!

袁隆平——甘于奉献的当代"神农"

就在众人都感到绝望之时,袁隆平骨子里那不服输的劲儿又来了。他偏偏不认命,低下头趴在地上,像探测器一样精准地扫视每一寸土地,充满希望地寻找幸存的秧苗。

就这样,袁隆平最终从田埂边的污泥里捡回了5棵被半埋着的秧苗。

袁隆平的脸上再次露出了孩子般满足的笑容。看到袁隆平这样,他的助手尹华感到惊讶。从始至终,袁隆平都没有追究这到底是谁干的。他无奈地说:"袁老师就是那种摔摔打打都不记痛的人!"

的确,天性乐观是上天赐予袁隆平的礼物。正是这种永远乐观、永远充满希望的心态,再加上那股子不服输的劲儿,引领着袁隆平一步步走向农业事业的巅峰。

2020年11月2日,袁隆平在湖南的试验田

闪亮的名字

杂交水稻双季测产达到了亩产1530.76公斤,这个数字再次创下了新的纪录。可对于袁隆平来说,提高水稻产量只是最基本的要求,接下来,他还要向全省、全国水稻产区推广,为国家粮食安全作出新贡献。

即使早已过了退休的年龄,袁隆平爷爷还是像孩童一般保持着童真与好奇,仍像年轻时一样,不停歇地穿梭在试验田里。

早在1999年,经国际小天体命名委员会批准,中国科学院北京天文台施密特CCD小行星项目组发现的一颗小行星被命名为"袁隆平星"。从地上的苗到天上的星,这条道路正象征着袁隆平脚踏实地,一步步作出伟大贡献的人生道路。

2021年5月22日13时07分,袁隆平爷爷在中南大学湘雅医院逝世,变成了天空中那颗最闪亮的星,照耀着中国人民遥望天空的面庞。

在悼念袁隆平爷爷的每一束鲜花上,都放着一张手写的卡片,是每个人内心最诚挚的情感表达:

"从此以后,碗中有米,心中有您。"

"感恩国士,吾辈奋进。"

"这世上没有神仙,也无须立庙,因为每一缕升起的炊烟,都是飘自人间的怀念。"

而那些无法赶到现场参加悼念活动的人,也纷纷在网上晒出自己的"光盘行动"。从今天起,不浪费每一粒米,不辜负每一滴汗水,是我们对袁隆平爷爷最真情实意的怀念。

袁隆平曾经说自己有个禾下乘凉梦:"水稻长得有高粱那么高,穗子像扫把那么长,颗粒像花生那么大,而我则和助手坐在稻穗下面乘凉。"在他梦中的世界里,不会有人挨饿,每个

闪亮的名字

人都能吃饱饭。

袁隆平的梦想和人生自始至终都与我国的粮食产业发展紧紧相连，与我国的民生民情紧紧相连。也正因为如此，人民的心也和他紧紧地联结在了一起，他将永远印刻在每个中国人的心里。

黄旭华
——"无名"的"核潜艇之父"

1988年4月的一天,海面上的晨雾刚刚散去,阳光在海面上洒下金色的光芒,一条金色蛟龙正缓缓地驶入海洋——原来,这是一艘即将进行深潜试验的核潜艇。

核潜艇的工作台前站着一位精神矍铄的老人。他的头发梳得一丝不乱,微微下陷的眼窝里那一双深褐色的眼睛正紧紧地盯着屏幕,仔细检查着工作台上的数据。这位花甲老人就是

闪亮的名字

中国第一代核潜艇的总设计师——黄旭华。他不惧危险，亲自上艇指导这危机重重的深潜试验。

你可能会疑惑，究竟什么是"深潜试验"呢？

就像学校里的期末考试是用来检验你一学期的学习成果一样，深潜试验就是为了检验核潜艇的设计是否合理以及建造质量是否达标。

一次期末考试没考好没关系，下学期再努力就好。可深潜试验一旦出了问题，这就是危及生命的事情。1963年美国的一艘核潜艇就是在深潜试验中由于设备故障导致沉没，上面的104名艇员和25名其他工作人员都葬身在了2500米深的海底。

深潜试验的危险系数极高，但又是必须进行的步骤。这是因为整个潜水艇的设计和制作过程都是在陆地上完成的，可它执行任务的时

黄旭华——"无名"的"核潜艇之父"

候却是在海洋深处,一切的预期效果都得靠潜艇设计人员的测算。所以,在深潜试验前,大家的心情既紧张又压抑。

"咱们所有的设备材料没有一个是进口的,都是我们自己造的。开展极限深潜试验,并没有绝对的安全保证。我总担心还有哪些疏忽的地方。为了稳定大家情绪,我决定和大家一起深潜。"

作为核潜艇总设计师的黄旭华亲自上艇的这个决定,对于所有工作人员来说都是最大的鼓舞。在他们眼里,既然核潜艇的总设计师都敢和他们一起深潜,那一定是对潜艇有着充分的信心,安全系数很高。黄旭华的决定让整个团队的信心更加坚定。

这次"深潜试验"是否会成功?让我们拭目以待。

闪亮的名字

"深潜试验准备开始！"核潜艇内的黄旭华严肃地用广播说出了这句话。全体工作人员都屏住了呼吸站在自己的工作台前。

"5，4，3，2，1，深潜试验正式开始！"黄旭华的话音刚落，海面上的金色蛟龙摇晃了一下身体，而后便一头扎进了水里，属于它的冒险之旅正式开始了！

深潜试验充满着未知与风险。黄旭华也不知道在这神秘的大海里究竟会遇见什么困难险阻，只能鼓起勇气和大家一起朝下潜去。

核潜艇的"深潜试验"是一步一步分阶段进行的。在第一阶段，它先是潜到了距离海平面100米的深度，你可别小看这100米，它已经是相当于陆地上25层楼的高度了呢！

大海中一片宁静，黄旭华侧着耳朵仔细地听着。他需要灵敏察觉到核潜艇出现的任何声黄旭华——"无名"的"核潜艇之父"

响,以此来确定此时此刻的核潜艇有没有出现漏水以及其他问题。不过,黄旭华似乎只听得见工作人员"怦怦怦"紧张的心跳声。

"一切运行正常。"工作人员全面检查后反馈道。第一个100米的小阶段取得了胜利,大家终于舒了一口气,互相看了几眼给予彼此肯定后,神情又再次紧张了起来。接下来,他们还需要继续下潜,而随着深度的不断增加,没有人能保证到底会不会出现问题。

就这样,核潜艇继续往大海深处探索着,200米……250米……到了280米时,可怕的状况出现了。

280米相当于70多层楼那么高,这个深度的压强非常大,人体很难承受得住,正是在这个深度,核潜艇开始出现了异常。

"咔嗒、咔嗒",舱艇的门开始变形并发出

了一阵阵的声响，大家有些害怕。

"不会是大海中有什么生物在攻击我们吧？"

"咱们的这个核潜艇够坚固吗？"

参试人员在交头接耳。

黄旭华严肃地让大家安静下来，自己则仔细地听着声响。

海水巨大的压力开始挤压艇体，部分舱门因为变形压紧而无法打开，令人心惊肉跳的"咔嗒、咔嗒"声响也此起彼伏。

"砰——"的一声巨响后，黄旭华及其他负责人连忙跑到了指挥舱间，眼看着一根支撑深度计的角钢随着下潜的深度不断增加而渐渐扭曲，大家的心都提到了嗓子眼儿。

与此同时，伴随着奇怪的响声，大家头顶上竟然也开始滴答滴答地漏水。要知道，在极限深度，一块扑克牌大小的钢板承受的压力是

黄旭华——"无名"的"核潜艇之父"

1吨多，100多米的艇体上任何一块钢板不合格、一条焊缝有问题、一个阀门封闭不足，都可能导致艇毁人亡。

黄旭华和工作人员仔细排查，竟然发现了19处正在漏水的地方！"咔嗒"声也在继续。参试人员有些不知所措。"大家都冷静下来！这并不是很严重的问题，这个声音其实只是高压下艇体结构相互挤压所发出的，结构变形是正常的，都在设计与控制范围以内，漏水的地方我们检修紧固便可。"黄旭华安慰道。

大家一次一次地细数，那"咔嗒、咔嗒"的声响一共响了11次，每一次都击打着参试人员的耳膜和心房。大家都屏住呼吸，努力让自己平静下来，不再让不安的情绪蔓延。

在接近最大深度时，黄旭华镇定自若地指挥着参试人员一步步按规程操作、记录、播报，

闪亮的名字

一切工作紧张而有序。操作人员也个个集中精神，临危不惧，坚守在各自的岗位上。

中午12时左右，当第二舱的深度计指针指向极限深度300米并略有超出时，黄旭华和参试人员不约而同地屏住了呼吸，静静地等待了整整5分钟。核潜艇没有任何异常！

"停——"黄旭华宣布道。

随着这一声清脆的"停"的指令，舱内寂静一阵后爆发出了阵阵欢呼！

"成功了！我们成功了！"参试人员开心极了。

"咱们的核潜艇下潜到了设计的极限深度，并且全艇的设备运转正常，这证明该核潜艇的艇体结构的设计与制造是成功且合格的，通海系统安全可靠，符合战术需要。"黄旭华继续补充道，"可以返程了！"

这只蛟龙在海底世界探索了四五个小时之

黄旭华——"无名"的"核潜艇之父"

后,终于可以返回到海面上了。在确定了一切安全之后,核潜艇开始上浮,在上浮到100米的时候,大家都兴奋地合影留念,黄旭华更是意犹未尽,他略一沉吟,而后拿来了笔墨纸砚,挥毫泼墨,一气呵成,写下了:

花甲痴翁,智探龙宫;惊涛骇浪,乐在其中。

这首在核潜艇发展史上广为传诵的壮丽诗篇,不仅抒发出了一种大无畏的豪情壮志,笔墨之间还洋溢着黄旭华自身的乐观主义精神。

随着核潜艇成功地浮至海面,黄旭华也成了历史上第一位亲自跟随核潜艇完成深潜试验的核潜艇总设计师。更重要的是,深潜试验成

闪亮的名字

功意味着中国的核潜艇从无变成了有，中国的蛟龙也在海中觉醒，开始守护自己的家园。

2019年9月29日上午10点，中华人民共和国国家勋章和国家荣誉称号颁授仪式在人民大会堂隆重举行，国家主席习近平为这位白发苍苍的老人颁授了"共和国勋章"。

"黄旭华，我国第一代核潜艇总设计师。为国家利益隐姓埋名，默默工作。60多年来潜心技术攻关，为核潜艇研制和跨越式发展作出巨大贡献。"颁奖词体现了黄旭华身上最耀眼的光彩。

出生于医学世家

黄旭华出生于医学世家，原本立志从医。可是耳闻日军飞机的轰炸，目睹满目疮痍的

黄旭华——"无名"的"核潜艇之父"

废墟,少年黄旭华重新思考了自己的人生道路:"国家太弱就会任人欺凌、宰割!我不学医了,我要读航空、造船,将来制造飞机捍卫我们的蓝天,制造军舰抵御外国的侵略!"

就这样,黄旭华怀揣着梦想进入了上海交通大学的造船系学习。正式开始上专业课后黄旭华才发现,这和他想象的不同。课本是纯英文的,老师讲课也用的是英文,就连平时做笔记和考试答题都要求用英语,这对于黄旭华来说,实在是让他为难。

但黄旭华没有退路,他开始努力学习英语。每天天刚蒙蒙亮,黄旭华便早早地洗漱完毕,带着课本在离宿舍门口较远的地方大声朗读;平时要是遇见了不认识的单词,他也会专门准备一个本子记录,每隔三天进行一次默写。同时,书中的每一句话他都会在心中默默地翻

闪亮的名字

译上好多遍。通过一段时间的学习和适应,黄旭华逐渐跟上了学习的节奏,上课不仅能听懂老师所教授的内容,还能和老师用英语进行互动。英语能力的提高为他之后的核潜艇研究奠定了基础。

我国在核潜艇研制工程正式启动后,希望能够得到在这个领域先行者的技术支持。可是,当时的苏联不但对我们的请求一口回绝,甚至还在长波电台及联合舰队的建设方面也无视我国的主权和安全诉求。毛主席被苏联的傲慢和无礼激怒,字字铿锵地说:"核潜艇,一万年也要搞出来!"

这句气势如虹的口号,不仅坚定了黄旭华等科研工作者独立自主研制核潜艇的信心,也宣示了中国人民不畏霸权、自强不息的意志和精神。在那个特殊的年月里,黄旭华深深地

黄旭华——"无名"的"核潜艇之父"

被毛主席这句热血沸腾、情绪激昂的誓言感染，他下定决心，一定要把中国的核潜艇给搞出来。

可是我国在这个领域真的是一片空白，全国几乎没人懂核潜艇是什么，黄旭华也只是接触过常规潜艇而已。所幸，黄旭华的英语能力还不错，于是他们就从国外的报刊上搜罗核潜艇的信息，仔细甄别真伪，拼凑其轮廓，不放过任何学习的机会。当有人从国外带回了两个美国"华盛顿号"核潜艇儿童玩具时，黄旭华如获至宝，反复把玩具打开、拆解，用来检验他们的构思。

志强便国强。带着这个梦想，黄旭华将一生都献给了中国核潜艇事业，经过千难万苦实现了核潜艇的中国制造，使中国变得更加强大。

闪亮的名字

赫赫而无名，不悔奉献终身

黄旭华的一生几乎都是"赫赫而无名"的，这不仅是指黄旭华隐姓埋名，而且指的是他虽然功勋卓著，但是在这几十年间他的事迹、贡献和声誉却不能被公众甚至是自己的家人所知。

这30年间，黄旭华跟自己的亲人几乎没有联系，除了时不时给家里寄点钱，父母和兄弟姐妹没有人知道他在做些什么。就连黄旭华的三个女儿也没有一个人知道父亲是在研制核潜艇，大女儿是在考进了719研究所后才知道了爸爸所从事的工作。

父母曾多次写信问黄旭华在北京哪个单位，到北京去干什么工作，但黄旭华一直闭口不答。由于不能回到父母身边尽孝，黄旭华每逢年节

黄旭华——"无名"的"核潜艇之父"

都会给老人寄钱回去以此表达孝心。可父亲生气地把黄旭华寄的钱退了回去,姐姐也写信骂他"越大越不懂事"。面对被退回来的汇款单,黄旭华心中五味杂陈,却不能多解释。

黄旭华被自己的亲人们纷纷埋怨,但母亲从来没有责怪过他。就好像与他心有灵犀一样,冥冥之中,她觉得黄旭华一定是有自己的难言之隐,也一定在做"好"事,于是一直在家安慰其他的兄弟姐妹。

1986年,当黄旭华再次踏上阔别的家乡时,已经过去整整30年了。他的父亲和兄长已经去世了,看着已是满头银发的90多岁的母亲,黄旭华不禁跪地痛哭流涕。而这次重逢,家人仍不知道他这么多年在干什么,直到一年后一篇题目为《赫赫而无名的人生》的长篇报告文学发表,详细地介绍了中国核潜艇总设计师的人生经历。至此，他才终于被"解密"！

黄旭华把杂志寄给了母亲。母亲一看，里面所讲的黄总设计师就是30年没有回过老家，而被兄弟姐妹们误解为不要家、不孝顺的三儿子。

母亲一而再、再而三地阅读这篇文章，满脸泪水，却又自豪不已。她把子孙们召集过来，郑重地对大家说："三哥（黄旭华）的事情，大家都得谅解！"母亲这句话让黄旭华非常感动，每次想起来，都让他忍不住流泪……

自古忠孝不能两全，黄旭华说："对国家的忠，就是对父母最大的孝。"

黄旭华的"无名"人生大致可以划分为三个阶段：

在上海交通大学的地下党生涯便是黄旭华"无名"人生的开始。为了国家的新生，为了唤

黄旭华——"无名"的"核潜艇之父"

起同辈年轻人的觉醒,他在血雨腥风中为党的事业秘密地奋斗着。

黄旭华的第二段"无名"人生是他在船舶工业管理局上班的一段经历,当时的保密工作已经非常严格了,每个工作人员都要签订保密承诺,十个指头都要按手印,保证不得向任何人,包括自己的配偶、父母、兄弟、子女透露自己工作的任何情况。也是从这个时候起,黄旭华的父母和亲人们就不知道他在做些什么了。

第三段"无名"的人生就是黄旭华参加"09"工程之后了,这段经历长达30年。由于核潜艇研制是天字第一号工程,保密程度甚至严于"两弹一星",做这件事几乎是"与世隔绝"。

在他隐姓埋名30年之后,国家和人民给予黄旭华巨大的荣誉。这些荣誉,是国家和人民为了纪念和表彰黄旭华为祖国国防建设作出的巨大牺牲和贡献,更是要让这位伟大的科学家和爱国者铭刻在共和国的历史上,走入每个中国人的记忆中。

祖国会记得,人民会记得。

屠呦呦
——用中医药造福世界

"呦呦鹿鸣,食野之苹",这句摘自《诗经·小雅·鹿鸣》中的诗句,也是一个小女婴出生时,父母寄予她的美好期望。

一群鹿儿呦呦鸣叫,在原野上吃着艾蒿,多么悠闲自在。父母给家里五个孩子中唯一的女儿取名"呦呦",是希望女儿这一生能像小鹿一样,恬静美好,快乐自在。

可没想到,女儿一辈子只专注做一件事,

闪亮的名字

这件事恰恰和这句诗有关！虽与父母期望相去甚远，但她却做到了让"屠呦呦"这个名字垂于青史、流芳百世。

2015年10月，屠呦呦因发现了青蒿素获得诺贝尔生理学或医学奖，该药品可以有效降低疟疾患者的死亡率。屠呦呦是第一位获得诺贝尔科学奖项的中国本土科学家。诺贝尔科学奖项是中国医学界迄今为止获得的最高荣誉，也是中医药成果取得的最高认可。

85岁的她，站在瑞典卡罗林斯卡医学院的演讲台上，用中文发表了名为《青蒿素的发现：传统中医献给世界的礼物》的主题演讲。她的声音坚定激昂，向全世界讲述了中国科学家们的故事。

屠呦呦说，青蒿素是传统中医药送给世界人民的礼物，对防治疟疾等传染性疾病、维护世界人民健康具有重要意义。青蒿素的发现是集体发掘中药的成功范例,由此获奖是中国科学事业、中医中药走向世界的一个荣誉。

"作为一名科学工作者,获得诺奖是一项很大的荣誉,青蒿素这个衍生物研究成功是多年研究集体攻关的成绩,青蒿素获奖是中国科学家集体的荣誉。这也标志着中医研究科学得到国际科学界的高度关注,是个入口。"

屠呦呦感到无比自豪,她说:"这是中国的骄傲,也是中国科学家的骄傲。"

久病成医,求学梦重又燃起

1946年,16岁的屠呦呦不幸染上了肺结核。在当时,这种病又叫"肺痨",被人们视为绝症,一旦染上,生还概率很小。

闪亮的名字

即使是在医学发达的今天,对这种病的治疗也依然很棘手。可想而知,当时的屠呦呦状况有多危险。因此,她被迫放弃学业,回家休养。

在家休养的这两年,屠呦呦每日都和药物打交道,饱受疾病折磨。屠呦呦不知道自己的生命会在哪一刻消逝,她决定把每一天都当作最后一天来过,不到生命的最后一刻,决不放弃学习。于是,她几乎每天都废寝忘食地看书。

就像给她取的名字"呦呦"一样,屠呦呦的母亲希望屠呦呦能像小鹿一样恬静美好,学习家务事,未来嫁个好人家,过相夫教子的平淡生活。可屠呦呦偏偏有自己的主见:"朝闻道,夕死可矣。"她相信,读书可以改变自己的命运,因而即使在有限的生命里,她也要拼尽全力去追求知识和真理。

外地求学的哥哥寄来的信件,就像一针强心剂,及时注入屠呦呦的心里:

"呦妹,学问是无止境的。当你获得局部成功的时候,你千万不要认为满足;当你不幸失败的时候,你亦千万不要因此灰心。呦呦,学问决不能使诚心求她的人失望。"

学无止境,诚心求学,屠呦呦对未来的人生又燃起了希望。

那之后,屠呦呦更加积极地配合治疗,再加上心情愉悦畅快,她的身体好得很快。而在这个过程中,屠呦呦意外发现,自己对医学产生了浓厚的兴趣。都说"医不自医",意思是医生能给别人治病,但却不能医治自己的病,屠呦呦偏不信,她要成为能医人也能医己的医者。

就这样，学医的愿望在心底越发强烈起来。

1951年，屠呦呦考入北京大学，在北大医学院药学系学习。在专业课的学习过程中，她尤其对植物化学、本草学和植物分类学有着极大的兴趣。

"既能让自己远离疾病，又能救治更多的人，何乐而不为？"对于学医这个选择，屠呦呦从未后悔过。

攻坚克难，青蒿素提纯奇迹

疟疾，主要经由蚊虫叮咬或输入带疟原虫的血液进行传播，是一种长期威胁人类健康乃至生命的流行病。一旦被传染，患者会在短时间内经历极寒和高烧两种症状，同时引起肌肉疼痛、贫血和脾大。这种疾病早在3000多年前的殷商时代就已开始流行，一旦出现，便死伤无数。

1967年，在越南战场，一场大面积的疟疾暴发。在当时，没有任何药物能够有效抑制疟疾，不幸染上此病的人大多数都会在极度痛苦中死去。在这种紧急情况下，越南向中国求助。在毛泽东主席和周恩来总理的指示下，一个代号"523"的研究项目组成立，目标是寻找治疗疟疾的有效药物。

项目组成立最初，研究人员前前后后试了四万多种草药，可两年过去了，依旧没有什么进展。这时，屠呦呦受邀加入研究小组。此时，39岁的她是中医科学院的一位研究员。屠呦呦的丈夫远在云南，两个女儿都还不满6岁，一个人带孩子本就辛苦，如果现在加入研究组，年幼的孩子们怎么办？

闪亮的名字

望着女儿们单纯的脸庞,屠呦呦心情复杂。孩子们睁着水汪汪的眼睛,神情天真,还不知道即将和最亲爱的母亲分别。想到这儿,屠呦呦内心绞痛,一时间进退两难。但纠结和犹豫也只是片刻的,屠呦呦很快就作了决定:将两个孩子送回宁波老家,让父母暂时照顾一段时间。而自己要全身心投入科研工作。

屠呦呦毅然决定加入研究组,她勤奋好学,既有西医研究背景,又擅长中医传统医理,更有一颗报效祖国的决心。上级任命她为研究组组长。沉甸甸的责任落在自己肩头,屠呦呦一丝都不敢怠慢,一头扎入科研工作中,这一干,就是三年。三年中,她几乎每天都在实验室中度过,和家人聚少离多。

屠呦呦还记得,一次难得的假期,她准备好了给女儿们的礼物,满怀期待地踏上了回家的归程。许久未见,不知道女儿们长高没有?学会写几个字了?想到这儿,屠呦呦的嘴角不自觉扬起幸福的微笑。可很快,现实就给屠呦呦泼了一盆冷水。

她刚踏进家门,大女儿像是见到陌生人一样,死死盯着她,许久都不愿意开口叫一声"妈妈"。而不满4岁的小女儿,更是害怕地躲在姥姥姥爷身后。

两个女儿的反应让屠呦呦又矛盾又难过。屠呦呦明白国家大事与个人私事的关系,为了"大家",只能牺牲个人"小家"。在科研的道路上,她只是沧海一粟,还有很多和她一样的科研人员前赴后继,为祖国的科学事业献身,甚至连回家的机会都没有。和女儿的感情可以慢慢培养,日后再弥补,可耽误了科研任务,耽误的就是亿万人的生命。屠呦呦没有犹豫,她背起行囊，又回到了工作岗位。

"对我们来说，交给你任务，就要努力工作把国家任务完成。"屠呦呦这样说。

对抗疟疾，是全世界共同努力攻克的难关，各个国家的研究都陷入停滞。此时，身为组长的屠呦呦把目光投向了我国有2000多年发展历史的古老学科——中医药。

中医药前辈们留下的古籍宝典中，收录珍藏着无数医学的秘密。屠呦呦坚信，前辈们的经验对于现在的研究一定会有所启发和帮助，而解决疟疾的方法，就要从前人的道路中寻找蛛丝马迹。

屠呦呦开始带着组员查阅中医典籍，大家整天埋头于那些生僻晦涩的古医书中，逐字斟酌验证。她从系统整理历代医籍入手，查阅经典医书、地方药志，四处走访老中医。最后，屠呦呦从2000多个药方中筛选出640余个药方，整理了一个包括青蒿在内的《抗疟单验方集》，供研究者进一步发掘。最终，他们从200种草药中得到380种提取物，一一在小白鼠身上进行抗疟疾检测。

在实验中，屠呦呦分离出了胡椒酮晶体，她将希望放在这个样品上，然而，最终结论是：胡椒提取物虽对疟原虫抑制率达84%，但对疟原虫抑杀作用并不理想。一时间，屠呦呦陷入迷茫和困惑之中。

一次偶然，屠呦呦翻到一本古书《肘后备急方》，是晋朝葛洪所写，书上记载着治疗疟疾的草方："青蒿一握，以水二升渍，绞取汁，尽服之。"意思是说，抓一把青蒿，用水泡了之后，绞成汁全部喝掉。其实，早在前期探索实验中，屠呦呦就注意到了青蒿，也将其写进了《抗疟

闪亮的名字

单验方集》里,但当时的实验结果表明,青蒿对疟原虫只能产生68%的抑制率。屠呦呦反复阅读书中的记载,前辈葛洪确实论证了青蒿能够有效治疗疟疾,可为什么却和自己的实验结果不相符呢?

屠呦呦盯着这句话,陷入思考,突然,"绞取汁"这三个字让她豁然开朗。屠呦呦意识到,古人萃取草药汁液的方式通常就只有煎和煮这两种。而之前实验出的青蒿抑制率不高,很可能是因为没有提取纯度较高的青蒿素。屠呦呦赶紧回到实验室,开始验证自己的猜想。她采用沸点只有34.5℃的乙醚代替水和酒精来提取青蒿素。

乙醚极易挥发,不仅有毒,还很容易引起剧烈爆炸,操作时必须极其小心谨慎,稍有不慎就会导致严重后果。当时没有现在先进的通

屠呦呦——用中医药造福世界

风系统和防护措施,实验开始不久后,科研人员就开始出现各种身体不适的状况:头晕眼花、鼻子出血、皮肤过敏……因长期吸入乙醚,屠呦呦还得了中毒性肝炎。

这时,团队已经进行了几百次提取青蒿素的实验,可都以失败告终。一时间,大家都有些丧气,着手准备其他药物的研究。可屠呦呦偏偏不愿放弃,她执拗地一次又一次重复实验。经历了190次失败后,她终于在1971年10月4日,得到了青蒿中性提取物"191号样品"。实验结果显示,这种样品对鼠疟、猴疟疟原虫的抑制率为100%!

1972年11月8日,屠呦呦和她的同事们获得了抗疟有效单体的提纯物质——一种白色针晶,并将之命名为青蒿素。

闪亮的名字

以身试药，中医学扬名世界

一时间，所有人都欣喜若狂，多年来的付出没有白费，人类在治疗疟疾的道路上终于有了新的进展！

许多人前来道贺，恭喜屠呦呦和她的团队。可屠呦呦本人却异常冷静，她知道，发现青蒿素只是第一步，虽然它对实验对象小白鼠起到了抑制作用，可并没有对人体实验过。青蒿素对人体是否有效，尚无定论。更何况，在之前的实验中，把青蒿素应用在动物身上时，曾出现了一过性转氨酶升高等副作用，对身体产生了伤害。如果将青蒿素正式投入使用，一定要确保对人体无害才行。当时还没有关于药物安全性和临床效果的评估程序，唯一的办法是在人类身上进行实验。

可是,找谁来做这个"人体实验"呢?大家面面相觑,没人敢说一句话,毕竟是用身体冒风险的事情,每个人都很谨慎。

这时,屠呦呦站了出来,毅然坚定地说:"我是组长,我有责任第一个试药。"见组长如此坚定,在场的每个人的情绪都被感染了,紧接着,更多的人站了出来:

"我也愿意试药!"

"我也去!"

就这样,1972年7月下旬的一天,北京东直门医院住进了三位特殊的"病人"。屠呦呦和她的两位同事,不顾个人安危,自愿以身试毒,冒着生命危险来当"小白鼠"。

试药实验开始的前几天,屠呦呦没有出现任何不良反应,于是,她要求同事对她加大剂量。在医院严密监控下,试药观察获得了让人惊喜的结果:青蒿素不会对心脏、肝脏、肾脏产生任何副作用。屠呦呦和她的同事们,用自己的生命作保证,亲自证实了药物安全,才投入临床给病人使用。

消息传开,举世震惊。几千年来都没有人能解决这个困扰人类的疾病,而如今,中国人却找到了治疗方法。

1986年,青蒿素正式获得新药证书。2004年5月,世界卫生组织正式将青蒿素复方药物列为治疗疟疾的首选药物,从此青蒿素作为"中国神药",在世界各地显示奇效。

过去10年,全球死于疟疾的人数下降了38%。全球43个国家,其中包括11个非洲国家的疟疾发病率和疟疾死亡率都下降50%以上。这些了不起的成就,离不开屠呦呦和她的团队的默默耕耘、无私奉献。

2015年10月5日,诺贝尔生理学或医学奖获奖名单揭晓,女科学家屠呦呦成为首位获得这一奖项的中国科学家。两个月之后,一向低调的屠呦呦走上瑞典颁奖台,发表自己的获奖演讲:"中国医药学是一个伟大的宝库,应当努力发掘,加以提高。"屠呦呦说,"欲穷千里目,更上一层楼,请各位有机会时更上一层楼,去领略中国文化的魅力,发现蕴含于传统中医药中的宝藏。"

全场掌声雷动。屠呦呦用自己的方式,将中华民族优秀的文化瑰宝推广发扬到全世界,将自己的一生,献给了中医药研究。

李克强总理这样评价屠呦呦:

"屠呦呦获得诺贝尔生理学或医学奖,

是中国科技繁荣进步的体现,是中医药对人类健康事业作出巨大贡献的体现,充分展现了我国综合国力和国际影响力的不断提升。"

对于如此殊荣,屠呦呦却谦虚地说:"作为科学工作者,得到诺贝尔奖是一个很大的荣誉。青蒿素及其衍生物的研制成功,是当年研究团队集体攻关的成绩。青蒿素的获奖,是中国科学家群体的荣誉。我觉得科学要实事求是,不是为了争名争利。"

屠呦呦将荣誉名利看得很淡,走下领奖台,她仍是实验室里那个默默研究的科学家,又继续投入到下一项研究中。2016年,屠呦呦在青蒿素抗疟研究之后,发现青蒿素对治疗部分红斑狼疮效果也很显著,在临床试验的审批上也取得了巨大进展。

在科研的道路上,屠呦呦从未停止,她说:

"中国医药学是一个伟大宝库,青蒿素正是从这一宝库中发掘出来的。未来我们要把青蒿素研发做透,把论文变成药,让药治得了病,让青蒿素更好地造福人类。"

"呦呦鹿鸣,食野之苹",屠呦呦的名字似乎就注定了她与青蒿素,与中国医药研究那份终生相伴的不解之缘。屠呦呦的一生与祖国紧紧联系在一起,与中医药的发展与创新紧紧联系在一起,这正是一位科学家与她挚爱的祖国共同为人类进步所作出的伟大贡献!

钟南山
——敢医敢言,生命至上

2020年9月8日,正值金秋时节,这一天对全国人民来说是一个特别的日子。伴随着中国人民解放军军乐团演奏的雄壮音乐,全国抗击新冠肺炎疫情表彰大会在人民大会堂隆重举行。

中国刚刚经历了一场没有硝烟的战争。在与病毒的战斗之中,有这样一位抗疫英雄,他不畏艰险,冒着被传染的风险身居一线;他敢医敢言,只为能拯救更多的生命。他在此次新

闪亮的名字

冠肺炎疫情防控中作出了巨大的贡献。在人民大会堂的万众瞩目之下,习近平总书记代表党、代表人民为他授予至高无上的荣誉——共和国勋章。

在鲜花与掌声的簇拥下,一位意气风发的老人走向了颁奖台中央,他目光炯炯,身型挺拔,一点儿也看不出已经84岁高龄了。习近平总书记亲自为他戴上了熠熠发光的共和国勋章。这不仅是对他医者身份的肯定,更是对他为国为民作出巨大贡献的褒奖。

这位老先生名叫钟南山。你对这个名字一定不陌生,他是我国呼吸疾病研究领域的领军人物,也是本次抗击突如其来的新冠肺炎疫情的功臣。下面就让我们一起走进他的故事,去看看他是如何与病毒斗智斗勇,成为抗疫英雄的吧。

钟南山——敢医敢言,生命至上

平凡而又非凡的家庭

1936年10月20日,随着一声响亮的啼哭,一个可爱的小婴儿在中央医院呱呱坠地。由于中央医院在南京钟山的南面,孩子的父亲便为他取名叫"南山"。

钟南山的父亲是中央医院的儿科专家钟世藩,母亲廖月琴则毕业于高级护理专业,因而钟南山从小在父母身边耳濡目染,积累了一定的医护知识。

小时候的钟南山也像大多数孩子一样调皮贪玩。每天最期待的事就是放学。那时候天空湛蓝,风也清凉,几个小孩子把书包一扔,便跑到后山去捉虫子、玩弹珠,可以一直疯玩到晚上。

闪亮的名字

这个小秘密很快就被爸爸钟世藩发现了，每到了"小团伙"集体放风的日子，钟爸爸总会早早地来到后山，一把将兴高采烈的钟南山拎回家，然后盯着他做功课。每每这时，钟南山都觉得自己如同坐牢一般，一点自由也没有，于是便想方设法溜出去，只为享受一段自在玩耍的时光。

父子之间的"斗智斗勇"贯穿了钟南山懵懂而青涩的童年时光，长大后的钟南山发现，父亲身上有许多值得他学习的地方。钟世藩救治病人从来都不论时间，不论地点，即便在十分恶劣的天气下，他也仍然风雨无阻地为病人出诊。而对于登门造访的病人，无论身份背景，他也都会一视同仁。

有一次，钟南山一家正在吃饭，门外忽然响起了急迫的敲门声。原来是当时校卫队的孩子们生病了，由于家里太穷，没钱到医院看病，只好请求钟医生去看看。钟世藩听到这一情况，毫不犹豫地放下碗筷，起身去给孩子们看病。

钟世藩这种无私的奉献精神，身为医者的仁心与大爱，深深地感召着钟南山，也潜移默化地影响着钟南山人格的养成。

钟南山的家庭看起来平凡，但他父母身上的精神却难能可贵。他从父亲身上学到了严谨、无私与负责，从母亲身上获得了温柔与坚定。父母的言传身教深深影响着这个逐渐成熟的少年，指引着他茁壮成长。

一个艰难的选择

我们现在熟知的钟南山，已经是一位德高望重的医生了，但很多人可能不知道，年轻时

闪亮的名字

候的他差一点就成为一名职业的田径运动员。

小学时期的钟南山,运动细胞十分发达,一直以来都是校园体育场上的常胜将军。上了初中,随着身体渐渐长成,钟南山奔跑的速度也越来越快。超常的运动天赋让他在各个比赛中大放光彩,一直跑进了广东省田径队。

在广东省举办的田径比赛中,面对来自全省的劲敌,钟南山毫无畏惧,勇往直前,不仅获得400米短跑比赛的亚军,还一举打破了广东省的纪录。在随后的全国田径运动会上,钟南山又一次成功地站上了领奖台。

对于一个高中生来说,这样骄人的成绩无疑令人惊叹,他因此收获的不仅有老师同学的关注,还有北京体育大学递来的橄榄枝。原来,北京体育大学的老师们一直密切关注着这颗闪闪发亮的体育新星,他们迫切地希望钟南山能

钟南山——敢医敢言,生命至上

够加入国家队训练,成为一名专业的田径运动员。

人的一生总是会遇见很多的岔路口,有时选择了一条路,就意味着选择了自己一生的发展方向。彼时,青年时代的钟南山便来到了这个让他难以抉择的人生岔路口。

虽说已经在体育领域取得了不小的成绩,可钟南山的内心一直还埋藏着一颗想要学医的种子。

在他小的时候,钟世藩时常会用自己的工资买一些小白鼠养在家里做研究。而那段时间里,钟南山放学回家的第一件事就是冲进父亲的书房,一边兴趣满满地看着父亲做实验,一边用各种工具逗弄着小白鼠。平时学习连两个小时都坐不住的钟南山,这时却总能在书房里一待就是一下午。

闪亮的名字

父亲钟世藩看到他如此喜爱小白鼠,便把饲养小白鼠这个任务交给了他。钟南山十分开心地接下了任务,每天都会定时给小白鼠喂食,一顿都不落下,有时还会学着父亲的样子对这些小白鼠进行细致的观察,了解小白鼠的各种习性。

就这样,在父亲有意无意的培养下,"小白鼠饲养员"钟南山对医学产生了浓厚的兴趣。

到底是学医,还是当运动员呢?钟南山思考了很久。他知道,如果自己选择成为田径运动员,一定能够得到很好的培养,前途光明坦荡。可是一想到自己曾经照顾过的那些小白鼠,想到与父亲做实验时的点点滴滴,想到被父亲治愈的病人们的笑脸,一个清晰的答案在钟南山的心中逐渐显现。

最终,他拒绝了北京体育大学的邀请,决

钟南山——敢医敢言,生命至上

定以医学院为目标继续参加高考。许多个备考的日夜里,钟南山的心中一直回荡着一个声音:"一名运动员的职业生涯是很短暂的,但倘若你是一名医生,你便有了一项能够坚持一生的事业,那就是救死扶伤。"

怀揣着这一信念的钟南山回到了学校,将顽强刻苦、不屈不挠的体育精神融入学习中。他把难题看作具有挑战的体育赛事,一步一步地攻克,将成绩稳步提升上来。最终,他以优异的成绩考入了自己梦想中的院校——北京大学医学院(今北京大学医学部)。

尽管最终选择了从医,但体育这项爱好一直陪伴着钟南山。数十年来,就算工作再忙再累,钟南山始终坚持体育锻炼,年近90也不曾懈怠。他总是在不同的场合激励着当代的年轻人:"体育运动里的这三种精神是难能可贵的。

一是竞争精神,二是团队精神,三是高效完成的精神,把体育这种竞技精神拿到工作、学习上,是极为宝贵的。"

没有硝烟的战争

2002年12月15日下午,一位十分壮实的男子被人搀扶着走进了医院门诊,他看上去与普通的感冒患者并无区别,只是咳嗽、流涕、发烧,还有轻微的呼吸困难。因此医生并没有过多在意,只是按照普通感冒的治疗方式为他诊治。

但奇怪的是,这个病人的情况始终没有好转,并且同一时间里,相似症状的病人越来越多。当使用各种抗生素治疗均不见效,第二例病人的肺部经X光透视呈现了"白肺"后,一

钟南山——敢医敢言，生命至上

些医护人员开始陷入了恐慌与不安之中。他们意识到，一种从未被现代医学观测到的新型病毒已经侵入了这座城市，人类现有的所有医疗条件和医学认知，在它的面前根本不堪一击。

短短十余天，这种怪病就迅速在广东省蔓延开来，人们将它称作"非典型肺炎"，后简称为"非典"。当时的人们并没有意识到，这场来势汹汹的疫情将会夺走多少同胞的生命，给世纪之初的中国乃至整个世界带来多么惨痛的打击。

由于"非典"疫情来势凶猛，又无法确诊病因，一时之间几乎没有能够有效预防和治疗的办法，病人的数量连日剧增，医护人员也接连倒下。就在最前线的医护人员濒临崩溃的时候，在广州呼吸疾病研究所工作的钟南山临危受命，担任此次医疗救护专家指导小组的组长。

闪亮的名字

"把重症病人都送到我这里来!"

这声铿锵有力的呐喊,是钟南山给全国人民的定心丸。尽管还不知道这个可怕"非典"的病源在哪,病原体又是什么,但钟南山的这句话,安抚了每一个中国人慌乱的心,让他们有了足够的安全感。

2003年1月,死亡的人数不断增加,疫情仍在蔓延扩散。每一位医护人员都像是绷紧到极致的弓弦,尽管他们仍尽力安抚着病患,寻找着病源,但看似平静的外表下,同样有着无尽的战栗与恐惧。他们也是人啊!他们也会感染,会倒下,会面临死亡的威胁,在他们的家中,也有日夜悬心、担忧不已的亲人。

为了鼓舞士气,缓解这种极端压抑的氛围,钟南山带领着自己的医疗小队,身先士卒,毫无惧色地与病人正常接触,按照惯例测量血压、

钟南山——敢医敢言，生命至上

体温。

"我们是医生，医院便是我们的战场，这场与疾病的战役，我们不上，谁上？"这是钟南山作为医生面对未知疾病的坚定信念。他相信，"非典"并非那么可怕，一定可以治疗，可以防治，可以控制！

对于危重症患者，钟南山一直在尽可能地寻找治疗方法。当重症病人被送到医院后，他冒着被感染的风险挨个检查他们的呼吸道，记录症状，分析病情。在钟南山看来，临床诊疗能让大家更清晰地看见病毒，认识病毒，研究病毒。

一直坚持锻炼的钟南山身体向来非常硬朗，但夜以继日的高强度工作，还是让这副"钢铁之躯"倒下了。2003年1月28日，年近70岁的钟南山在连续38小时的高负荷工作之后，也病

闪亮的名字

倒了。不过值得庆幸的是，钟南山得的不是"非典"，在妻子的精心照料之下，他的病情逐渐好转，而刚刚恢复健康，钟南山就再一次返回一线战场，与"非典"进行抗争。

终于，在钟南山的带领下，呼吸疾病研究所研究出了针对"非典"的有效防治方案，不仅遏制住了疫情继续传播，还让许多患者康复出院。钟南山团队的努力使广东省"非典"患者的死亡率被控制在了3.8%，而在当时，全世界的"非典"患者死亡率高达11%。

这场无声的战争以钟南山和全体医务人员的胜利告捷。但让人意想不到的是，16年后，一场更大的挑战蛰伏在命运的拐角，正静静等待着他。

2019年12月底，湖北武汉的一家医院里，接二连三地有相同症状的病人前来就诊，他们的共同症状都是发热、干咳、乏力,情况严重时会呼吸困难。

如果将两次疫情的初期阶段对比来看,就会发现眼前的一幕是多么似曾相识:最初,病患只出现了普通感冒发热的症状。但因为有了"非典"的前车之鉴,得知消息的钟南山立刻察觉到这次疾病并不简单。一切都在以一种失控的速度冲向那个最糟糕的方向——很快,震惊世界的新冠肺炎疫情彻底暴发。

2020年1月18日傍晚,火车站的人很多。候车大厅里有一个步履匆匆的身影,他正是钟南山院士。广州前往武汉的高铁票早已售罄,费了一番周折,钟南山才拿着一张无座高铁票登上了列车,在列车长的安排下坐在了餐车的角落里。

时隔多年,作为国家医疗与防控高级别专家组组长,他再一次成了这场艰辛战役的领头

闪亮的名字

人。这份沉甸甸的责任压在这副早已不再年轻的肩上，让他夙兴夜寐，全力以赴。

钟南山的面前摆满了各种有关新冠肺炎疫情的资料。临危受命的他面色凝重：这次疫情，与"非典"既相似又不同。新型病毒到底有多危险，眼下还没人知道。他闭上眼睛，陷入了深思。

疫情在武汉迅速蔓延开来，此时正值"春运"，武汉又是国内重要的交通枢纽，一旦病毒进一步扩散，后果将不堪设想。一时间，所有人都将希望寄托在了这位两鬓如霜的老人身上。病毒到底来自哪里？该怎么救治、怎么防护？最重要的是，病毒的传染性到底有多强？会不会已经出现了人传人的现象？

这些问题藏在每个人的心中、眼里，实在是太沉重了。记者会上，大家聚精会神地抬头

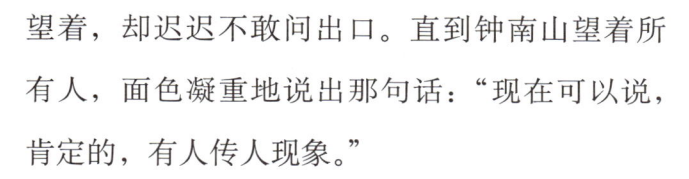

望着,却迟迟不敢问出口。直到钟南山望着所有人,面色凝重地说出那句话:"现在可以说,肯定的,有人传人现象。"

这句话干脆果断、斩钉截铁,向全中国人民明示了此次疫情防疫的困难,却也体现出了钟南山和医疗团队的勇气和担当,成功给全国人民打了一针"强心剂"。

"我的建议是,能不去武汉就不去武汉,武汉人能不出来就不出来。"

"目前没有特效药,口罩就是最好的防护。"

"早发现,早隔离,这是疫情防控最有效的办法。"

每开一次发布会,钟南山对全中国人民的叮嘱就会多一句,一遍一遍,不厌其烦。如果说抗疫的医护人员是一支白衣为盾、药理为刃的军队,那么钟南山无疑就是三军阵中指点沙

闪亮的名字

场、调兵遣将的元帅。他带领着旌旗猎猎的医疗队伍，带领着满心惶惶的人民，在这场没有硝烟的战争中，进行着勇敢无畏的厮杀。

由于奔波在疫情防控一线，他出现在大众眼前的时刻开始减少，人们只能看到镜头前的他越来越疲惫，眉头总是紧紧地皱着。

他说："武汉是一座很英雄的城市。"说这话时，他的神情坚毅无畏，只是眼角有泪光闪烁。没有人知道，在疫情风暴的中心，他每天奔忙在最前线，看到无数饱受病魔摧残的患者，心里都在想些什么。但很多人都记住了记者会上他掷地有声的发言，他说："有全国，有大家的支持，武汉肯定能过关。"

作为抗击"非典"的领军人物，钟南山长期从事呼吸疾病的医疗、科研工作。数十年的经验让他很快意识到，要打赢这场战"疫"，必

钟南山——敢医敢言，生命至上

须将临床救治与科研攻关紧密地结合起来。

确立了战"疫"思路，钟南山与团队迅速反应，投入繁重的工作之中。他牵头收集疫情发生以来全国500多家医院总计1099例新冠肺炎患者的临床信息，进行分析总结，提出"早关注、早部署、早启动、早落实"的策略，为遏制疫情蔓延赢得了宝贵的时间。

不顾84岁的高龄，钟南山一次次地加大着自己的工作量，几乎没有空闲能够停下来喘口气。他亲自参与远程视频会诊，连线湖北武汉、荆州等地，对当地医院收治的危重症、重症患者进行临床诊疗的指导，极大地提高了危重症患者的救治率。

面对一名使用体外膜肺氧合（ECMO）辅助支持长达111天的新冠重症患者，钟南山带领医疗团队迎难而上，积极采用各种诊疗手段，

闪亮的名字

硬是将患者从死神手里夺了回来,使其成功康复出院,创下了"世界之最"的奇迹。"生命至上,作为医生,我们不会放弃每一个生命。"钟南山的话语铿锵有力,果敢坚毅。

在积累了临床诊治经验的基础上,钟南山参与主持了《新型冠状病毒肺炎诊疗方案》第2版至第8版的撰写和修订,为全国各地诊治病例提供了切实的参考。

战"疫"期间,钟南山的日程表排得满满当当。除参与、指导临床救治,他在科研攻关方面同样未有丝毫懈怠。

"现代抗疫战,打的就是科技战,科技攻关要跟病毒赛跑。"钟南山说。

2020年1月21日,钟南山临危受命,担任新冠肺炎疫情联防联控工作机制科研攻关专家组组长。他带领团队发现了病毒可通过被污染

钟南山——敢医敢言，生命至上

的粪便及其气溶胶进行传播；最早建立起疫情预测模型；成功研发出新型冠状病毒IgM抗体快速检测试剂盒；构建并推广应用基于大数据和人工智能的预测预警系统，有效提高了疫情防控的精准性……

钟南山及其团队还第一时间将科研发现加以整理，形成学术成果，与世界一起分享中国的抗疫经验。疫情期间，他和团队在《新英格兰医学杂志》等国际知名学术期刊上发表SCI文章50余篇，牵头完成新冠肺炎相关疾病指南3项，相关论著2部。其中，《中国2019年新型冠状病毒感染的临床特征》首次汇总过千病例数据，较为全面地总结了新冠患者的临床特征，一度成为全世界引用最多的论文之一。这些学术论文成果汇聚了中国智慧，展示了中国方案，在助力全球抗疫、共同构建人类卫生健康共同

闪亮的名字

体方面作出了积极的贡献。

在全国人民的共同努力下，特别是以钟南山为代表的可敬可爱的医护人员的奋力救治下，武汉实现新冠肺炎确诊病例"清零"，疫情防控取得阶段性重要成效。但疫情尚未完全结束，国内部分地区仍有确诊病例发生，钟南山和他的团队也未就此停下脚步，而是依然勇担重责，继续走在对抗疫情、护佑生命的道路上。

2021年5月，广州市出现新冠病毒德尔塔变异株本土传播病例。钟南山带领广州实验室迅速迎战，启动建设"猎鹰号"气膜实验室并投入使用，形成高效检测模式，在一个月的时间内，累计完成核酸检测近150万管，超1200万人次的筛查，有效遏制了疫情的扩散蔓延。

钟南山团队还以最快的速度对德尔塔病毒感染病例的临床特点、传播规律进行总结，为

钟南山——敢医敢言，生命至上

精准防控提供指导参考。2021年9月，唐小平、李锋团队联合钟南山、陈如冲团队发表研究成果，首次在全球范围内精准描绘德尔塔变异株完整传播链，并刊载于国际权威杂志《柳叶刀》子刊《电子临床医学杂志》，让世界瞩目"中国速度"。

2021年11月3日，"钟南山呼吸疾病防控创新团队"荣获国家科技进步奖创新团队奖，成为2020年度全国唯一获此殊荣的创新团队。这不仅是对钟南山及其团队不畏艰辛、积极攻关取得的重要成果的肯定，更是对他们心系人民、勇于担当的精神气概的赞许！

在本该安享晚年、陪着老伴儿、逗逗孙辈的时刻，这位年逾八旬的老人却披上了铠甲，奔赴抗击疫情的战场前沿。这样的坚毅无畏源于钟南山身为医生的那颗大爱仁心，在他的心里，挽救生命是值得自己毕生为之奉献和奋斗的使命。

从2003年的"非典"再到2019年的新冠，钟南山永远是那个风雨无阻的逆行者。岁月或许会苍老他的容颜，却始终无法冷却他守卫国家与人民的炽热内心。当新的风暴出现时，钟南山依旧会像从前那样勇敢地走到台前，讲真话，做实事，用科学安定人心，帮助人们正确认识病毒，消除对未知的恐惧。